# 專注意念的驚人力量

# THE AMAZING POWER OF DELIBERATE INTENT

**Esther and Jerry Hicks**

伊絲特・希克斯 & 傑瑞・希克斯——著　嚴麗娟——譯

你想什麼，你感受到什麼，你便得到什麼。
當你能夠控制你的感受、控制你的意念、控制你所產生的吸引力，
你就能控制進入你生活體驗的一切。

推薦序

# 學生準備好了，老師就出現了！

露易絲．賀 Louise L. Hay

在這個叫作生活的謎團中，我們一直在尋找答案。我們老想掌控自己的生活，卻不知道該從何下手。我們想要撫平內心的恐懼——從有關身體和親密關係等屬於個人私密的恐懼，到面對死亡、政府和世界等更高程度的恐懼……乃至對地球以外的生物感到恐懼。

這本安撫人心的書都幫你想到了。不論什麼恐懼和擔憂，亞伯拉罕除了能給我們答案，還教我們透過簡單的方法去克服問題，更加享受生活。

我相信，今時今日地球上的心靈導師都無法超越亞伯拉罕。亞伯拉罕的話語確實拓展了我對生活的展望。我非常感謝希克斯夫婦投注時間和精力，將亞伯拉罕的訊息傳達給在這個時空中的我們。現在就是擴展知識的最佳時機。你非常幸運能夠成爲這本書的讀者。

我聽聞亞伯拉罕以及希克斯夫婦的大名已經好幾年了。剛接觸亞伯拉罕的啓示，我就心有所感。我心想，**這位心靈導師的教導實在非常有幫助**。得到的訊息愈多，我愈想讚美這位心靈導師。

然後我結識了傑瑞和伊絲特。見證他們深切活出亞伯拉罕的教導，令我印象深刻。他們兩人滿心喜悅，每次碰到轉折與機會都能獲得美好的體驗。他們彼此相愛，熱愛生活的程度遠超過大多數我認識的人。看到他們以喜悅和笑聲彼此溝通，總令我覺得開心；看到有人如此享受生活，我心裡更是一陣溫暖。

賀房出版社（Hay House）的所有同仁都非常自豪能出版這一系列的書籍，把希克斯夫婦的作品介紹給世界各地的讀者。本書將讓你能夠更加看清自己。建立自信心後，你就擁有無數的工具可以幫助你處理各種情況。當自信心愈來愈穩固，你會發現，沒有什麼達不到的目標。你將學到如何放開掙扎，轉而練習**隨順的藝術**。你也會欣喜發現自己可以按照內心所願，活出喜悅。

我建議大家像我一樣，把這本書放在床頭，睡前或起床後讀一下。你會睡得更好，起床後你的生活中只有美好的事物……你一定會覺得棒透了！

本文作者爲暢銷書作家，著有《創造生命的奇蹟》（*You Can Heal Your Life*）

作者序

# 成功是由我們所體驗到的喜悅程度來衡量

傑瑞・希克斯

有些事件是強烈的催化劑，會帶給你無比的滿足，你曾經從這些事件的角度去思考個人的進展嗎？

在你的快樂記憶裡，是否包括某些特殊時刻，它影響了你之後想變成什麼模樣、想達到什麼成就、想擁有什麼東西。

有時候你是否會帶著感激之情想起某些人、某本書，或某個看似偶然的情況，他們透過文字和經驗，激發出你前所未有的清晰想法。

這樣的體驗或許時間不長，卻是**轉捩點**，或說**轉折點**，或說**指標**，甚至可以說是幸福感受的**試金石**……你是否察覺到這些體驗對你的生活帶來長久的正面影響？

動筆寫這篇序的時候，我才把車子停在法蘭西大河和莊園池塘之間屬於「我們」的泥土路上。我跟妻子伊絲特在北卡羅來納州的阿什維爾舉辦工作坊已經有十五年的經驗了。河邊的這個景點是我們的最愛，春天能看到雛雁，到了秋天會有數千隻加拿大野雁展開遷徒，熟門熟路的飛過高空，而我們則在美國四處移動，於不同的季節回到這個地點。所以現在我坐在這裡，在生命中最喜悅的片刻，做我最喜歡的事情。我希望能給大家一些實際的理由，去實踐亞伯拉罕的訊息（如此你才能用心體驗你眞正的自己）。

我們都知道，**文字的教導比不上生活體驗**。雖然這本書裡只有文字，但你將要讀到偉大導師的教誨，揭露令人振奮的新觀點。你可以把這些觀點轉化成帶來良好感受的全新信念。按著宇宙的自然法則，全新的信念會孵化出全新且充滿喜悅的生活體驗……喜悅的體驗提升後，你會更懂得如何改善生活，接著你的願望就實現了。

我期待你看了這本書之後，會珍藏一輩子，在決定你想要變成什麼樣子、想要做什麼、想要擁有什麼的時候，把它拿出來作爲你的指引。這本書讓我更加明白一件事：**你的實相，由你創造**。這個領悟改變了（我的）生命。這本書對我的效益實在無法用言語形容。「實相」不過就是長存於心的信念，「信念」則是縈繞心頭的思維，明白了這兩點以後，我深刻了解思維的力量有多麼驚人。

最近我無意中聽到一位非常成功的企業家被問到如何能夠擁有這麼了不起的成就，他回答說：「我想得很高很遠……既然要思考，很久以前我就決定了，**爲什麼不放大思考的格局呢？**」再度證明思維的驚人力量。

我記得多年前曾讀過一本書，作者是舉世推崇的一位天才。他說過：「大多數人發揮出來的能力不到真實潛力的百分之一……終其一生，有百分之九十九的潛能未得到開發。」本書將告訴你，如何發揮更多的潛力。你是否想過自己有多少潛能尚未好好利用？你是否也察覺到就算經歷過最喜悅的時刻，你還能體驗更多的喜悅？

或許你覺得自己的身體狀況不錯，表現也不錯，但你知不知道其實你還能更好？在生命的過程中，你有機會和某些人深入接觸，體驗和他們共享的美好時刻，你也因此愈來愈能活出自己，你知道嗎？一定還有更多更好的人際關係等著你去發展，有更多能夠帶給你激勵的人等著你把他們吸引到你的生活體驗中。

往下讀，你就會認識亞伯拉罕——他們稱自己是「導師的導師」。（第一次接觸到本書概念的人或許不知道，亞伯拉罕是一種集體意識，不只一個，所以代名詞是「他們」。）世界上一些最知名的作家和哲學家稱亞伯拉罕為「地球上最偉大的導師……」二十年前我第一次遇見亞伯拉罕時，便深為他們的教導所吸引，當時我想深入學習的主題是：**如何幫助他人賺更多錢？**

我還住在福斯露營車裡的時候，讀過拿破崙．希爾（Napoleon Hill）的經典著作《思考致富》（*Think and Grow Rich*），他說：「財富開始到來，到來的速度飛快，而且非常豐足，不禁讓人懷疑這些年來財富都躲到哪裡去了……」

《思考致富》確實讓我的願望都實現了。在蒙大拿州一家小汽車旅館的咖啡桌上發現這本書後（然後我也如實利用書中闡述的原理），幾年內我的生活就從在娛樂界賺到尚可溫飽的收入，進展到「不需要朝九晚五」，同時創立了價值數百萬美元的銷售業，而且樂在其中。我把我的成功歸功於從希爾的書裡學到的知識。

這些道理對我來說非常有效，我立刻以《思考致富》當作教材，教導生意往來的朋友。然而，幾年過去了，我發覺只有少數幾名「學生」發展出數百萬美元的事業。雖然很多人還算成功，卻也有一些人不管上了多少財務研討會，財富始終沒有增加。

大約又過了十年，我達到自己定下的目標，我也開始尋找答案，我想知道如何更有效的幫助別人達成**他們的**願望……許下這個願望，伊絲特跟我便接觸到**亞伯拉罕的訊息**。

在這短短的序文中，我無法詳細解釋亞伯拉罕的身分和角色，也無法闡述我們怎麼與他們相識，如果你對相關的資訊有興趣，可以從我們的網站免費下載長達七十四分鐘的錄音片段，網址是：www.abraham-hicks.com。或者向我們的辦公室訂購 CD 或卡帶：Abraham-Hicks Publications, P.O. Box 690070, San Antonio, TX 78269。電話：（830）755-2299。

不過我還是在這裡簡述一下我們與亞伯拉罕相遇的經過：當時伊絲特跟我正在學習每天冥想十五分鐘，讓心靈沉靜下來；雖然第一次一起冥想時，伊絲特就體驗到了某種極度強烈的生理感受，但持續冥想九個月後我們才經歷到有意義的智識溝通。伊絲特的頭開始有條理的點動，我們發現她的鼻子比劃出字母，很像在無形的黑板上拼字：「我是亞伯拉罕……」

亞伯拉罕對自己的定義是：**亞伯拉罕並非如你在個人身體中感受到的單一意識。亞伯拉罕是集體意識……宇宙間有無形的意識流，你提出了問題，就有很多意識點會通過某個人的位置表達出來（在目前的情況下，只有伊絲特可以詮釋或清楚表達），所以你會覺得只有一個……我們具有多維度和面相，當然也有多重意識……**

我馬上開始提問，亞伯拉罕也開始回答——起初是透過伊絲特的鼻子拼出字來，後來演化成伊絲特能把亞伯拉罕無形的思考透過打字機轉譯成我們的文字，再過了幾個月，她能把從亞伯拉罕那兒接收到的思維用言語表達出來。

在此之前幾年，我認識了**賽斯**；羅柏茲（Jane Roberts）和柏茲（Robert Butts）也透過類似的方法寫出相關的暢銷書籍（羅柏茲會進入一種出神的狀態，讓無形的賽斯透過她說話）。因此我大概明白發生了什麼事，但我們兩人都不曾許下願望或期待能得到這樣的體驗。我希望能找到幫助他人享有成功生活的方法，但並非透過**這樣的**管道。

亞伯拉罕很樂意分享他們的訊息，伊絲特跟我都想要學習他們的智慧，但我們也很擔心，因為整件事看起來頗為古怪，不知道能不能融入我們早已打好基礎的生意模式。對我來說，所謂的原理原則必須要好教又好學。我也常說受到我感召的人會跟著提升，最糟就只是維持現狀，不會有任何損失（我現在仍是這麼希望）。伊絲特則覺得，實踐這些智慧和原則時感覺非常好。

一開始接觸亞伯拉罕時，伊絲特多少有些抗拒。比方說，在「代言亞伯拉罕」時，她會坐到椅子上，雙眼緊閉，雙手緊緊抓住椅子扶手，刺耳的音調反映出她的緊繃。

數年來，成千上萬的人透過伊絲特得到亞伯拉罕的解答，她的身體終於放鬆下來了。先是眼睛睜開，雙手和手臂也開始揮舞，再過幾年，她從坐著變成站著（原本坐在椅子上，後來站在講台上），最後則能優雅的移動步伐。

身體放鬆下來的同時，伊絲特的聲音也跟著放鬆了。如果你聽過我們早期的錄音，會發現她說話的腔調很像不知道從哪裡來的外國人。到了今天，為亞伯拉罕代言二十年後，你聽到的聲音其實跟伊絲特本人的差不多。當然還是有一些不一樣的地方，我稱之為亞伯拉罕的智識和態度立場。

還有一點我要提出來：如果你讀過我們的書，應該就知道亞伯拉罕告訴我們，我們在這個有形的地球上是要體驗創造的喜悅，而非修正問題或做什麼大事。亞伯拉罕說，我們心中所願或日常所做，都只是因爲我們相信達成了這些事我們會覺得更好……亞伯拉罕也教導我們，最重要的莫過於良好的感受……

然而，如果不是爲了修正問題或成就大事，我們如何知道在地球的生活是否成功呢？亞伯拉罕說，成功並不是以達成的有形目標或積聚的金錢來衡量。他們說，在人生的這段旅途中，成功是由我們所體驗到的喜悅程度來衡量。

因此，如果你想證實某人是否成功實踐了亞伯拉罕的教導，只要注意他在當下是否體驗到喜悅——我們說的話、做的事和想變成的樣子（不論是什麼），都只因爲我們想要擁有更好的感受。

或許你發現財富、健康、人際關係或有形的成就皆無法帶給你快樂。在你想走的喜悅之路上，專注尋找振動平衡並好好維護，結果將會讓你驚訝——你想成爲的樣子、想做的事、想擁有的東西都會被你吸引而來，你也會覺得很快樂。

二十年來，伊絲特跟我利用亞伯拉罕的教導維持著歡樂無比的關係。我們吸引了一群傑出、好相處、非常能幹的員工，還有獨立的約聘人員，讓這套哲學在企業中能夠平順的流動和成長。我們也吸引了許多朋友和生意上的夥伴，有些人雖然斷了來往，但留下的回憶讓我們充滿喜悅。

我們的健康狀況良好：不需要看醫生、不需要體檢、不需要醫療保險；雖然偶爾有小病痛，但只要回歸能量平衡，這些毛病很快就消失了。財務上，我們去年繳的稅金遠超過我們追隨亞伯拉罕前那些年的收入總和。也就是說，真的很有效！

最重要的是，我知道世界上再沒有誰比我們更快樂了（或許除了我們的孫子，蘿瑞、凱文和凱特）。伊絲特和我在美國各地巡迴演說，舉辦規模數千人的「隨順的藝術工作坊」，一年最多會去六十個城市。我們開著「怪獸巴士」（由長十四公尺的豪華遊覽車改裝而成），車身後面用賞心悅目的大字印著：**生活應該要充滿樂趣**。

我記得從我五歲起，就希望能幫助別人過著更快樂的生活；或許你也有這種感覺。因此，隨著生命不斷進展，我找到很多不同的方法來實現我的願望。寫這篇序時，我心中充滿感謝，感激那些曾影響過我，讓我生命充滿喜悅的人（太多了，在此無法一一列出）。我不能說是亞伯拉罕的訊息把亞伯拉罕吸引到我面前，但確實是他們讓吸引力法則在有形世界得以發展圓熟。我也很感激他們讓我跟伊絲特能體驗到如此的喜悅，有機會創造出不同的方法，把他們充滿喜悅的實用靈性哲學介紹給大家。[1]

1 原文註：請讀者注意，由於有形的語言無法完美表達伊絲特接受到的無形訊息，有時候她會用組合起來的新字，或賦予傳統的字眼新的意義，以表達看待生活的新方法。

作者序

# 向讀者介紹亞伯拉罕

伊絲特・希克斯

大家好，我是伊絲特，負責傳譯亞伯拉罕的振動。亞伯拉罕告訴過我，我能夠無意識的接收到他們的振動內涵。他們說，我接收到的信號就像無線電波，我要如實的將之轉換成大家看得懂的文字內容。他們告訴我，在**我**所在的有形世界和**他們**所在的無形世界之間，我就像一座橋梁。

一開始接收到亞伯拉罕的訊息時，他們告訴我，我是很適合的人選，因爲我沒有懷抱強烈的偏見或意見，導致無法清楚接收他們的訊息。他們說，這並不是因爲我個性遲疑不決，而是因爲我對凡事都能隨順接納。我向來坦然接受來到眼前的一切，所以和亞伯拉罕初次接觸時，我的振動頻率特別適合。

亞伯拉罕說，每個人都有能力接收到無形世界的訊息，就像我能接收到亞伯拉罕的訊息。從無形的角度來看，一切都準備好了，就等著你從有利的位置去取用。詮釋音樂或藝術的方法不可計數；詮釋無形能量的方式也一樣多采多姿。明白了這一點，我們將**亞伯拉**

罕．**希克斯**接收到的亞伯拉罕訊息集結成書，以區別我的詮釋和他人的詮釋。

在我開始傳譯亞伯拉罕的訊息時，他們曾建議我不要讀別人的著作，因爲他們希望我對他們（亞伯拉罕）的解讀不要混雜了其他人的意見。他們不希望我擔心我會在無意間採納了其他人或其他書籍的資訊。他們要我在安心的狀態下當個純粹的轉譯者。

過了這麼多年，現在我偶爾會翻閱別人送來的書，讀的時候總能感覺到振動頻率不相符，或感覺不到振動。亞伯拉罕向我保證，這個時候我已經不必擔心自己正確聽取訊息的能力會受到阻礙，可是我能感覺到有時候要花更多的時間調整自己，才能聽到他們純粹的思維。因此，雖然很多人送書、手稿或種種形式的資訊給我們，但我決定不讀，因爲我立志要清楚傳達亞伯拉罕透過我投射出來的訊息。

亞伯拉罕會向我解釋每個思維、每個句子、每次討論，我們（亞伯拉罕和伊絲特）已經找到了正確的方法來解釋他們不斷擴展和更加清晰的訊息。他們提供了思維，我則盡力（無意識的）找出有形的字詞，以最正確的方式來描述他們的意思。當我的文字符合亞伯拉罕的意思，我們就會展開一段充滿力量和趣味的問題釐清過程和互動。之後每次碰到這個題目時，意思會愈來愈清楚。

我覺得很有意思！我感覺得到亞伯拉罕對我說話時感受到的愛、力量和喜悅。每天我們都會收到世界各地來的詢問，要我們去主持亞伯拉罕工作坊，我們的行程表愈來愈滿，情況已經到了除非把既有的工作停掉，否則無法增加新的活動。

傑瑞和我盡量去接觸更多的人（用問答的形式），好讓亞伯拉罕的訊息能繼續擴展。能在「隨順的藝術工作坊」中看到滿屋子熱切的來賓，急著把最新的問題提給亞伯拉罕，實在讓我們滿心喜悅。

眾人想問亞伯拉罕的問題，以及日常生活中層出不窮的問題，便是亞伯拉罕的訊息不斷闡明和擴展的因素。每次亞伯拉罕提出了建議，傑瑞跟我總會盡力去了解，並且應用到我們的生活中。這些年來，亞伯拉罕提供了不少作法——他們親切的告訴我們，他們會**不斷吐出新的作法**。只要他們提供了新方法，我就會在生活中找個機會加以運用，而且只要努力就立刻會得到令人滿意的結果。回顧我們美好的生活，看到所有領域都展現出驚人的成果，感受到我們確實能創造自己的實相，而創造出如此美好的實相讓我們覺得更滿足，所以我希望大家都能分享我們的發現。

每年我們會舉辦約六十場工作坊，我們開著豪華的巡迴巴士在城市間移動，亞伯拉罕笑說我們的車子是「怪獸巴士」。我們總能找到適合停車的地方，兩人可以下車去散散步。能夠找到一個讓人心曠神怡的地方，我才能放鬆下來，接收亞伯拉罕的訊息。回到德州的家中，我有很多安靜、私密、美好的地方可以選擇，好坐下來傾聽亞伯拉罕的訊息。而我最喜歡的地方，向來是我們那令人驚異的樹屋。我總是很期待亞伯拉罕對我說話，我會帶著筆電爬到樹頂，等著接收亞伯拉罕令人振奮的能量。

♀

閉上眼睛，放鬆全身，等著接收亞伯拉罕的訊息，我知道我又要寫出一本很棒的書，亞伯拉罕對我說：**伊絲特，你會覺得文思泉湧。很多人讀過你們的書，他們要求闡述的問題我們都聽到了。因此，這本書雖然是一本新書，卻延續一貫的精神，你的書寫會非常順利。享受寫作的過程吧！你在樹屋裡的喜悅感受也讓我們充滿了喜悅。好，開始吧……**

謹將此書獻給許許多多的導師，他們滿腔熱情，與世界各地成千上萬的人分享我們的作品。特別感謝那一群充滿力量的心靈嚮導，紛紛對我們表達支持……他們願意為我們背書，讓跟隨亞伯拉罕訊息的人都能實現願望。

# 目錄

# Contents

# Contents

# 一、全新的人生觀

不同於許多人類朋友所以為的，其實地球上的生活正處於最高峰……而且愈來愈好！這個充滿力量且絲毫不差的主張，不只根據我們對於生命各式細節的觀察，也根據我們所知的強大宇宙法則，我們明白所有的事物永遠都在擴展和改善。

很多人對現代生活有所抱怨，他們說現在的日子裡缺乏記憶中小時候很享受的東西，他們渴望回到快樂的年代或景況。但我們從不回顧過去以尋求更美好的時刻，因為我們明白眼前的一切和即將發生的事物，總是包含了生命最好的禮物。

在這永恆擴展的偉大過程中，大家常誤解了自己的角色，謙卑的認為自己一點也不重要。有些人相信上帝或某種更崇高的力量創造了萬事萬物，也創造了他們，所以他們在地球上要努力達到更高的境界，或得到上帝的讚賞。有些人則認為世界上沒有神，因此他們不需要努力去討誰的歡心。

從我們更廣闊且無形的有利位置來看，我們了解人類和人心，以及思維的力量、目的和價值，我們知道你是思維的發端。我們了解地球環境的多樣化具有什麼樣的價值，以及你所觀察到的對比有什麼目的。我們感受得到當你專注於周遭環境時所產生的清澈思維，你浸潤在生命體驗中而產生的思維擴展令我們欣喜不已。我們了解創造；我們也了解思維的力量。

你並非透過有形的身體去達成無形的目的，你和無形的你本是一體；你是無形能量的延伸——延伸的最前端。你來到地球上，並不是爲了歸於無形，而是爲了把無形的你召喚到有形的你面前。在召喚的過程中，**一切萬有**不斷擴展，而擴展的理由正是你的召喚。

## 你所有的喜好都被聽到了，也被應允了

在每一天的生活中，你察覺到周遭的環境和所有對比的事物，你會自然而然開始釐清個人的喜好。有時候你能清楚察覺到自己的喜好，把它當成願望說出口；有時候你的喜好很細微，無法訴諸言語，因爲這些喜好會出現在不同的存在層次上。就連身體裡的細胞也是意識點，「它們」體驗到對比，釐清喜好。事實上，所有事物都有脈動、活生生的意

識，包括動物、樹木，甚至岩石、塵土、灰塵，它們都能體驗到對比，也有自己的喜好。這些活生生、不斷脈動的喜好充滿力量。

簡言之，我們想說：**有求，必應。一定會應允。每次都應允。毫無例外……你或任何人、任何事物，只要開口，就會得到應允。**

浸潤在體驗中的這個簡單過程，讓意識得以釐清個人喜好，也會發出振動，促成宇宙不斷擴展。

當你明白時空實相中放眼所見皆屬意識，每個意識點都具有萌發出喜好的體驗，所有的喜好都被聽到了，也被應允了，然後你就會跟我們一樣，明白眼前一切都很美好。

## 你是充滿力量、領先的創造者

你處在思維、體驗和擴展的最前端。當然，你並不孤單，因為在你之前的一切，已經察覺到你的位置、你的作為和你的需求。你的無形層面正在體驗擴展，因著新的想法而滿心歡喜，快樂的與你合而為一，一同走向充滿力量的未來。

我們要你記著你的本相，在你決定進入這個有形的身體時，你才能按著所願，享受創造。

你並非需要被啓蒙的低等存在。在廣闊無際的宇宙中，你並非不起眼的微粒。你不是想找到回家之路的孩子，受到誤導或被人遺忘……你是充滿力量、領先的創造者，駕馭著最值得注意的一波擴展。我們要你的意識回歸到相關的知覺中，好讓你在這個有形身體內的時光能充滿自主、有意識的喜樂！

# 二、地球上的生活愈來愈好

活在地球上的每一代都受益於前一代留下的生活體驗。這句話大多數人應該都有同感；然而，這句話具有的力量遠超過乍看之下的領悟。

從你對**吸引力法則**（**同頻共振，同質相吸**）的體悟來玩味這句話，你記起了所有存在於有形時空實相中的事物，皆是因爲這個時空實相的願望而存在，然後你便明白了，所有曾投注意念、曾活出對比、曾發出願望的人有多麼重要——他們想要尋得難題的答案、問題的解決方法，以及改善情況和滿足欲望。

生活在對比之中，就能夠更專注於想要達成的願望，召喚出宇宙的創造性能量，事實上就是生命演化的動力。要說這種對比的生活召喚出願望或欲望也沒錯，而願望或欲望等同於生命的能量。

## 自主創造帶來眞正的滿足

我們常提到創造的過程，也解釋過你就是自身體驗的創造者。很多人也開始在心中所思、思維帶來的感受、思維的體現之間，建立起重要的連結。世上很多人正在學習**自主創造**，他們把焦點放在特定的個人創造上，並因此感到更加滿足。

我們很歡喜看到有形的朋友在思索用什麼樣的情緒回應思維時，懂得用心凝聚思維——如此才能爲創造個人生活體驗引導出更令人愉悅的結果。從中產生的滿足感將非常豐厚。

我們很歡喜看到有形的朋友或許過著不想要的生活，卻能自行調整專注焦點，進而改變感受，也改變了自己產生的吸引力——如此才能接收到更令人滿意且不一樣的結果。從中產生的滿足感實在豐厚。

因此，**有意的調節專注焦點**就是**自主創造**，自主創造出令人愉悅的結果，你會覺得非常滿足。改變身體的狀況，由多病變得健康，會讓人覺得滿足。吸引和接納更多的財富，購買令人滿意的東西，也會讓人覺得滿足。改變關係、住進新家、開新車，都會讓人覺得滿足。能夠控制自身生活體驗的有形限制，就會覺得滿足……

## 隨順專注意念的藝術

不久以前，我們鼓勵傑瑞和伊絲特把希克斯工作坊的名字從「自主創造的科學」改成「隨順的藝術」，因爲自主創造並不僅限於快樂的結果或改善後的狀態。自主創造其實是要「隨順」你個人與幸福之流，以及你眼中所有美好事物的連結。

創造確實要看到結果，或得到所欲之物、體驗和狀況，但其實更重要的是創造的過程。也就是說，能夠吸引一台漂亮的新車，然後擁有它，確實很棒，但生活其實是這整個吸引的**過程**。

你覺得現在開的車子令你有點不滿足……然後你感覺到你要釐清個人的喜好，你想要不一樣的東西，這個過程是漸進的……然後你想到心目中的好車，所有細節都跟你的想法達成一致……然後你有意識的見證到力量和情勢的轉變，適應新車來到你的生活中。

生活其實就是不斷轉換位置，不停轉移焦點。生活一定會朝著你流過來，穿過你，但你要用意識去察覺到生活，才能享有眞正的人生。

所達成的結果就是一種**願望實現**；透過意識來管理和保持振動平衡就是**自主生活**。實際上也就是我們所謂活出**隨順的藝術**。

## 專注意念的驚人力量

這本作為指引的書要教大家了解，為了得到結果，一定要**專注意念**，同時也別忘了平衡你的能量。但也要了解，察覺到能量的平衡，比設定目標或專注於成果更為重要。因此本書的重點在於平衡的能量。

明白書中提到的過程，有效加以練習，便能更快達到你想要的目標和結果，即使你還沒看到願望實現，也能享受踏出的每一步。你要活出充滿喜悅的生命，而不是在達到願望的過程中感到枯燥乏味，偶爾才有小小的滿足。

# 三、死亡是新的開始

大多數人對自己的本來面目沒有正確的認識。他們不確定自己從哪裡來，要往哪裡去。而最重要的是，他們察覺不到自己爲何要來到地球，不知道自己來這裡的理由。

我們要讓你明白你是誰——在一**切萬有**的層面上扮演什麼樣的角色——因爲我們知道那樣的理解對你來說有多重要。一旦記起了本來的面目，找回延續的感受，知道你從何而來，要往哪裡去，當下就會充滿力量，給你無止境的滿足。

要了解你的存在有多麼圓滿，或許最簡單的途徑就是討論有形的死亡。對有形的朋友來說，可能會覺得有點古怪，因爲你認爲「死亡」就是生活體驗的「結束」。然而，我們不明白你爲何要把死亡的體驗當成結局，因爲你永遠存在，沒有終止的時候。

**你所謂的「死亡」並非生活體驗的終結，你所謂的「誕生」並非開始。你是永恆的意**

**識，以永不停息、絢爛的意識之舞表達自己。你的存在永不磨滅。**

體驗到所謂「有形的死亡」（我們得清楚用詞，因為死亡根本不存在），你從充滿力量的意識點，也就是你心目中有形的人格，撤回意識，然後把全副焦點放在無形的領域。在轉移焦點的時刻，你拋下了所有自卑的感受、所有的懷疑、所有的擔憂、所有的恨意、所有的憤怒，經過那短到無法測量的一瞬，**你重新出現了，回到你本來的面目，喜悅、純粹、充滿正面能量。**

當你決定要誕生進入有形的世界，屬於你的意識只會短暫把焦點放在肉體上。體驗「有形的死亡」時，肉體的意識從有形的世界撤回，重新把焦點轉回無形的世界。

## 你懷抱著專注的意念來到這裡

從無形的角度來說，將意識聚集在有形的身體並不能掉以輕心。立下清楚的目的後，你決定把意識投注在這個時空實相；懷抱著熱忱，你進入了有形的身體。因著下面的理由，你充滿了熱烈的期望：

- 你知道你會永恆存在。
- 你了解存在的價值。

・你完全認識自己本來的面目。
・你不懷疑自己的價值觀和價值。
・你了解在這個時空實相裡的生命是思維焦點。
・你知道你要進入一個穩定的環境。
・你知道在這個環境中最重要的就是幸福。
・你知道這個環境具備了多樣化的有趣事物。
・你了解宇宙法則和創造的基礎。
・你明白你是偉大的創造者。
・你喜歡創造的體驗。
・你知道你有能力創造。
・你了解吸引力法則，也非常讚賞。
・你知道法則很公正，也欣賞法則恆久一致。
・你亟欲展現你的觀點，好讓周圍的環境能激發出你的喜好和願望。
・你很享受全新的願望帶給你的感受。
・你了解宇宙會回應你的願望。
・你會細細品味願望被召喚過來並流過全身的感受。

．你了解對願望的感受就是對生命的感受。
．你不擔憂對比，因爲你明白對比的目的。
．你知道透過對比與多樣化，你的願望就會成形。
．你熱烈期待自己察覺到新的願望，那是思維一定會帶來的結果。
．你來這裡並不是期望能完成什麼，因爲你沒忘了你和一切萬有皆永恆不滅。
．你知道生命會不斷擴展，過完生命並不是你的目的，或任何人的目的。
．你知道擴展是因爲你專注於對比，你明白對比會激發出願望。
．你知道只要願望出現了，就一定能得到應允，因此你不想避開對比，因爲你知道對比凝聚的力量非常強大。
．你知道多樣化和對比能幫你決定個人喜好的具體細節，你也知道喜好不論大小，只要發射出去都會立刻得到回應。

因此，一定要感謝周遭充滿對比的環境，如此你才能透過意識去體驗本來的面目無窮無盡的延續。

## 你來到這裡是爲了產生新的願望

我們要幫助你重新找回進入這個有形的身體和時空實相時，曾爲這段充滿喜悅的生活體驗而感受到的熱切和期望。你來這裡並不是爲了彌補什麼，也不是爲了幫助或導正遭受誤導的世界。你來這裡並不是爲了在有形的身體中證明自己的價值，或付出努力以求回報……你早已知道你的價值觀和價值，也知道有形和無形的世界盡善盡美——你進入了一個對比的環境，你知道能在其中產生出全新的願望：你的願望能夠把**能量、意識、一切萬有**召喚到領先的創造中。

你知道你就是生命，正在體驗生命，並創造出更多的生命。

最重要的是，你知道（無形的你也知道）這一切究竟是爲了什麼——就是喜悅！

# 四、你是無形的振動延伸

你認識了有形的你，但就跟我們其他有形的朋友一樣，你其實不像我們了解你那樣了解自己。你看到有形的本體，也就是血肉骨骼。當然，我們承認你是由血肉骨骼所構成，但除了有形的實體，我們認爲你是**意識**、**振動**，以及**本源能量流**的延伸。

你認爲自己是有形的存在，但你更是**振動**和**能量**。唯有當你明白自己是振動實體，你才能了解你其實也是振動能量的連續體。等你透過意識明白了連續體的意義，才能實踐進入有形身體的眞正目的，並眞心享受這個過程。

要把自己看成是**振動**和**能量**時，人們常覺得無所適從，因爲他們習慣了只看到振動的有形展現。在觀察你的世界和所有的物理特質時，很容易陷入振動的**結果**……反而忽略了振動才是這些結果的起因。

## 情緒透露出振動關係

有形的身體一生下來就具備了精確且複雜的振動解譯工具，通常你沒發覺自己有這些工具，或者你用它們來定義有形的實相——但這是一個振動的世界，你意識到的一切都是因爲你能夠解譯振動：

- 你的眼睛會解譯振動，所以你有視覺。
- 你的耳朵會解譯振動，所以你有聽覺。
- 你的鼻子會解譯振動，所以你有嗅覺。
- 你的皮膚會解譯振動，所以你有觸覺。
- 你的舌頭會解譯振動，所以你有味覺。

**要了解其中的連結，知道你是永恆的無形存在（而現在進入了有形的身體），必須要有解譯振動的工具，也就是你們所謂的情緒。**

不論何時，你的情緒都透露出無形的你和有形的你之間的振動關係。這段關係的重要性超越一切，除非了解你的情緒，否則無法增強有形的體驗，因爲情緒表示了有形的你和無形的你之間有什麼樣的關係。

## 與本源連繫是你最自然的存在狀態

透過專注的意念和一些練習，除了能夠察覺到你跟無形的你之間有什麼樣的關係，也能夠讓振動頻率和無形的自我隨時保持一致。我們稱之爲透過意識專注的和本源能量達成一致的振動頻率……這就是**隨順的藝術**。這種藝術讓你本來的面目完滿的呈現在這充滿力量的時空裡。

一旦達到了美好的連繫，你會覺得充滿生命力，感受到渴望、熱情、愛、感激、清晰、活力和熱切。也就是說，**你讓自己接收到現狀所帶來的一切益處，彰顯在創造的領先時刻裡**。這是最理想的體驗，生命中最佳的表現，最爲貼近自然的存在狀態。

振動頻率一致便能連繫到你本來的面目。振動信號相符很像轉動收音機的選台鈕，調到特定的頻率去聽某個電台放送的音樂。你明白如果你想聽 FM98.7 播放的內容，就必須把收音機的頻率調到 FM98.7。頻率一定要符合，才能清楚收到音樂。

雖然有形的身體沒有裝置選台器，指出你正在放送什麼樣的頻率，但你的情緒會提供對等的資訊。**注意你的情緒，就能正確感受到該如何讓你的振動頻率與本源相符。**

# 五、你來到這裡是爲了創造自己的體驗

一旦在有形的個人（你所認識在這個身體裡的你）和永恆的無形意識（眞正的你）之間建立起有意識的連結，你就明白你爲什麼要來到這裡體驗有形的生活。

能夠察覺到你是個連續體是非常重要的；也就是這次有形的誕生並非你的起點，而是延續你本來的面目。如此一來，你才能夠在生活中體驗到圓滿的感受。

要從有形的生活體驗中得到滿足，一定要察覺你的價值觀和價值；而除非能和無形的你建立起實質的連結，否則就無法察覺。也就是說，如果你的意識無法察覺到你本來的面目，並和本來的面目達成一致的振動頻率，有形的你就無法和本源建立連結。

無法和**無形的內在自己**、**意識**、**神**、**本源或能量**（無形的你有很多種稱呼方法）達成一致的振動頻率時，你會覺得空虛，會想辦法用不同的方法塡滿空虛：有些人希望得到別人的認可，有些人會按著團體的規則改變自己的行爲以尋求認可，有些人則和他們觀察到的人比較，努力表現出更好的行爲，然而和無形的你享有一致的振動頻率才是塡補空虛唯一的方法。

## 和本來的面目達成一致的振動頻率

務必要保持一致的振動，維護有形的你和無形的你之間的連繫，因爲你和內在自己能否保持連結，會影響到你的每個時刻——內在的自己就是完整的你，也是進入有形世界前的無形的你。

了解你本來的面目，有意識的和本來的面目達成一致的振動頻率，並加以維持，生活中其餘的事物都會發出美好而一致的振動頻率。若未照顧好你的連結，做什麼都無法滿足，也無法取代一致的振動頻率。

有時候看到美好的事物，或互動的對象已經達成一致的振動頻率，你也會受到影響，回歸一致的頻率。有時候或許對某項事物的讚賞，讓你不知不覺達成了一致的頻率……但你的意識若能察覺到一致的頻率有多麼寶貴，也了解如何達成和維護，就是最佳的生活體驗。我們稱之爲**自主創造**。

## 內在的自己和情緒引導系統

要察覺到你當下所發出的振動和內在自己所發出的振動有何差別，就得靠你的**情緒引導系統**。想到無形的你和有形的你之間的連繫時，就可以明白箇中道理。

你是本源能量的延伸。你在這裡，專注思維於某個主題。當你把注意焦點放在那個主題上，就會發出振動頻率，這個頻率或許符合**內在自己**對這個主題發出的頻率，或許不符合。

舉個例子，你今天可能在工作上犯了錯。你發現犯錯了，便立即修正，但你貶低自己，或因爲犯錯而充滿罪惡感。你把犯錯當成理由，覺得自己不好，在這個過程中，你偏離了內在的你所發出的充滿愛的頻率；無形的你（**神**、**本源能量**、**內在自己**，或者其他用來稱呼永恆無形能量的說法）**不論在什麼樣的情況下，絕對不會減少對你的愛和讚賞**。

等你學會了辨別符合頻率的感受和不符合頻率的感受，就可以有效運用你的情緒引導系統。你可以說：

我的頻率（和本源能量）一致或不一致。

我已經（和本源能量）建立連結，或無法建立連結。

我懂得隨順或抗拒（本源能量）。

透過意識察覺到自己的感受，才是唯一的眞實指標，指出你是否讓完整的你在這個當下展現出來。雖然其他人或許會刺激你或影響你，但你無法用其他人的影響來判斷你是否建立了連結。

## 感受到能量平衡的狀態

察覺此時此刻你的振動頻率是否符合本源，如此你才能享有快樂的生活，自主創造出你的體驗。感受到當下的思維和內在自己在這個時刻的思維享有一致的振動頻率，才是眞正的自主連結；當你能有意識的感受到這兩個發出振動的位置出現失調或頻率不符的狀況，你就察覺到了你自己的情緒引導系統。

用心找到能讓兩個振動頻率一致的思維，才是眞正的**能量平衡**。當有形的你和無形的你融合在一起，你會體驗到自身能量的平衡，和自我的眞實力量達成一致的頻率。沒有其他東西可以取代。

達到能量平衡的狀態後，你會體驗到清晰、活力、熱切、健康安樂。你會覺得美好的事物愈來愈豐足，也覺得喜悅得不得了。**這就是你本來的面目最自然的狀態**。

# 六、創造性思維的吸引力

雖然你可能還沒完全看清楚你的振動本質，但在這個振動的宇宙中，你的存在就是一種振動頻率。事實上，萬事萬物都在振動！把注意力放到想法、記憶、正在觀察的情況、夢想或腦海中的想像……你就開始發出振動。由於你的專注引發了振動，振動的內涵現在就變成了你所產生的吸引力。**每當你想到什麼，相關的振動內涵就變成你的振幅，你所關注的東西也開始朝著你移動過來。**

**大多數人都忘記了，心中想著某樣東西，就是吸引某樣東西的振幅進入他們的體驗。**在你決定要進入這個有形的身體時，你就明白世界和宇宙的振動本質爲何，你也覺得躍躍欲試，因爲你相信自己能夠保持自主創造。

了解宇宙的振動本質，除了讓人安心，也令人振奮。讓人安心，意思是說你知道沒什麼好恐懼的，因爲沒有經過你的邀請，任何東西皆無法來到你面前；令人振奮的意思是，你知道你想要什麼就可以把它吸引過來，讓自己體驗到喜悅。

明白你的振動頻率能吸引許許多多的事物，以及你確實能夠控制你要吸引什麼，你的世界就開展到新的領域……不需要抱持戒心或保護的心態來限制你的體驗，因爲你不想要的東西無法強制或堅持進入你的體驗。**你的體驗由你創造，其他人無法動搖你的體驗。每個人都有同樣的能力。**

## 強大且普遍的吸引力法則

就如同萬有引力定律可以適用在地球上所有的有形事物，吸引力法則也會回應所有的振動。每投射一個想法，不論思維焦點是放在過去、現在還是未來，都會產生振動，發出吸引力。每個思維都會產生宛若無線電般的信號，得到吸引力法則的識別，給予相符的事物。這個強大、始終如一的**吸引力法則**（**同頻共振，同質相吸**）在回應你發出的振動時，提供的結果不會自相矛盾。不會有隨意、不一致的回應，讓我們無法了解吸引力法則。法則永恆不變，公正公平，一定會回應，且充滿力量——當你懂得自主創造，吸引力法則就會幫助你。了解吸引力法則充滿力量的一致性，明白法則如何與情緒引導系統互相配合，你也會充滿力量，創造美好喜悅的生活。

用心選擇你所專注的事物，利用情緒引導系統不斷改善你對這個事物的想法，你就會變成充滿力量的自主創造者，滿足於有形生活的體驗——因爲你讓本源的觀點彰顯在這領先的體驗中，你則乘著那輝煌的波浪，讓思維超越原本的境界。

## 獨特的個人生活體驗

**雖然你知道其他人也有類似的體驗，但你的生活體驗是獨一無二的**。換句話說，你與時空實相中的元素互動時，體驗到周圍的多樣化和對比，於是便自動且持續釐清了個人的喜好。站在你獨特的制高點上，屬於你的喜好和願望從內心噴發出來，振動信號跟著發散。這些振動透過吸引力法則召喚頻率相符的事物，你所代表的一切——以及內在自己和本源所代表的一切——就會體驗到隨之而來的擴展。

無形的你著迷不已，前所未見的擴展令你振奮，因爲再也沒有什麼地方可以比得上這個制高點帶給你的喜悅，一種全新的覺察。

**我們寫這本書是爲了要讓你在第一時間體驗到這種制高點的喜悅。我們要你體驗站在領先思維上的振奮感受，全心體會生命流過你的速度……**

現在從你身上發出去的願望和隨之而來的吸引力，將會讓未來的世代獲益——我們的願望則是也要讓你獲益。就在此時，就在此地！

# 七、心中所思，便爲所得

了解思維的振動本質和吸引力法則回應的方式後，你就會明白爲什麼你的實相由你創造。生活中的一切皆是爲了回應思維的焦點而來，但要等你了解思維的振動本質，知道如何透過對比來認識你的思維，你才能自主控制你的體驗。

**自主創造不僅是自主選擇專注的焦點，然後把注意力投注在上面。**能夠選擇要把注意力放在哪裡固然是好事，但無法持久，你必須感受思維的振動內涵，才能眞正自主控制你的創造。比方說，或許你把注意力放在財務富足上，但這個主題跟其他主題一樣，非常多樣化。主題的一端是財務富足的思維，另一端則是財務匱乏的思維。因此，簡單來說，**每個主題都可以分成兩個主題：想要的東西和缺乏想要的東西。**

## 不同的振動範圍

我們對有形的朋友說：「心中所思，便爲所得。」有時候他們覺得很困惑，因爲他們相信自己一直在「思索」要**賺更多錢、身體更健康、更好的人際關係或更令人滿意的工作**。

偶爾不免聽到這樣的爭論：明明心中想要更多錢，卻不明白爲什麼（如果我們說的沒錯）財富不進入他們的生活體驗。但金錢這個主題包含不盡相同的振動範圍。金錢代表源源不絕的豐足，接著又一路連到絕望和匱乏。因此，只把注意力放在金錢這個主題或想法上，絕對不是正確的聚焦法，也無法塑造出適當的振動能量，把金錢帶入你的體驗。

把思維放在金錢這個主題上，就踏出了很好的第一步；但是和金錢相關的振動範圍非常廣，你要找到你的立足點。你靠向振動範圍的哪一端？比較靠近源源不絕的豐足，還是比較靠近絕望和匱乏？明白你的情緒，答案就很簡單，因爲透過察覺情緒，你就能看清楚思維的振動內涵。

最重要的是，在你集中注意力時會有什麼樣的感受。

## 思維給你什麼樣的感受？

有些人已經明白「心中所思，便爲所得」。但我們想要澄清：**心中思維給你的感受，才是你會得到的東西**。

和金錢這個主題相關的振動頻率中，你到底站在哪裡？或許你常說你想要更多錢，卻老是覺得失望、甚至恐懼，因爲你沒有足夠的金錢，那麼你對於金錢所發出的振動頻率就不符合你的願望。你發出的振動頻率是什麼，就是你所產生的吸引力。和金錢這個主題有關的體驗，一定會符合你所發出的振動頻率。

觀察你展現出來的模樣，或發生在你身上的體驗，就可以正確判讀你在可能的振動頻率間，站在什麼樣的立足點上。能察覺到這一點非常重要。在事物展現或發生在你的體驗之前，你就有可能找到自己的振動點，透過這個方式來自主控制生活的體驗，更能提升滿足感。

## 改變方向永不嫌遲

我們鼓勵大家隨時都能察覺到你的方向。這就很像開車時心裡已經定下了特定的目的地，卻走錯了路又走反了方向，離目的地愈來愈遠，直到抵達錯誤的目標，才發現自己錯了。而**你當然可以修正路徑，愈早發現自己偏離了方向愈好，如此一來你的旅途才會讓你覺得更滿足**。

想要充滿喜悅的自主創造，關鍵在於透過意念選擇思維的主題，同時密切注意思維帶給你的感受，除非能察覺到思維給你什麼樣的感受，否則你無法了解自己在振動頻率的範圍內，是否正往下滑到你不想要的那一端。

# 八、有求必應

決定進入這個時空實相的有形身體時，你早已明白這裡的環境擁有無限的富足。你知道不需要跟那些與你共享地球的人競爭，因爲你明白你的環境會不斷擴展，這個環境裡的人心中有什麼願望，環境就會跟著擴展。能和許許多多人互動，體驗到種種的意念、想法、信念和願望，都令你感到欣喜。你了解多樣化和對比非常珍貴，因爲你知道你的想法會得到激發；你知道若能經歷對比，喜好和願望便從此萌發。你也了解願望的產生有多珍貴，因爲你知道願望的召喚力量非常強大。你知道只要提出要求，就會得到應允，毫無例外。

從振動的角度來看：你察覺到周遭的環境，於是激發出自己的喜好。不論你是否大聲說出這些喜好，都會讓你發出振動（願望），強大的吸引力法則會用振動頻率相符的事物來回應你發出的振動。

## 發射出願望，然後……

聽起來似乎很簡單：**對比產生願望，所有的願望都得到允諾**……倘若眞是如此，想要什麼應該很快就得到什麼。但你想要更多錢，想要改善健康，爲何得不到？

很多人常會問這個問題，答案就在你對於自身的**振動度量**有何察覺。在極度的情況下，你會發出強烈的願望。發出願望的時候，就在那短短的一瞬間，你的振動頻率和願望相符。事實上，振動頻率相符的時間通常就這麼短，我們稱之爲**願望發射**。倘若經過了一段時間，你發出的思維皆落在振動度量的別處，很有可能你已經發展出一種思考模式或習慣，偏離了你想要的東西。

思維產生時，就啓動了內心的振動。開始振動後，其他相符的思維就會貼近，讓你愈來愈容易想到那個想法。常讓自己的注意力回歸到已經啓動的思維上，它就會變成**最主要的想法**，也就是**信念**（信念其實就是時常縈繞心頭的想法）。當然，吸引力法則會匯聚相符的思維振動。因爲投注思維，以及隨之啓發的振動，導致吸引力法則帶給你更多類似的思維，你也會也看到更多證據。

# 九、意念所在，即爲實相

現在或許你完全了解你的存在就是一種振動頻率，你的實相由你創造。此外，你現在也明白你能透過思維創造出自己的實相，因爲你的思維就是振動，吸引力法則會回應這些振動。因此只要專注思考某個主題，創造過程就開始了。

把注意力放在眼前看到的事物上，你覺得這個東西值得深思熟慮，或有似曾相識的感覺，或者你想要解釋它，或是想像或幻想，於是你就發出了振動……吸引力法則也會回應你的振動。每次重新探討這個主題，就會吸引愈來愈多同樣的振動頻率，你對這個東西所發出的信號也愈來愈強。

**愈是把注意力放在某個主題上，振動就愈活躍，也會吸引愈來愈多振動頻率相同的東西。最後你就會在體驗中看到有形的證據，符合你針對這個主題所發出的振幅。**

# 你的實相，由你創造

腦中迸出想法時，也會發出振動，然後吸引力法則便帶來振動頻率相符的其他想法。繼續思索這個主題，更多相符的思維會跟著出現，想法不斷受到激發，變得愈來愈強大，吸引力也增加了。不久之後，生活體驗中出現的事物就會符合這些想法。通常到了這個時候，你會覺得這樣的體驗千眞萬確或非常眞實。其他人也無法否認它的眞實度，因爲有形的證據就擺在眼前，提供有力的支持。但與其稱之爲事實，我們說這是創造，是自然宇宙對你持續發出的積極振動所產生的回應……把注意力放在不想要的事物上毫無價值（會導致你產生相關的振動頻率），反而會因此得到吸引力法則的回應，在你的實相中創造出你不想要的東西。

人們通常會辯解說，他們特別注意某個東西，是因爲那個東西確實存在。然而，雖然有很多眞實的東西是你想要體驗的，但也有很多眞實的東西是你不想體驗的。

**眞假並不重要，重點在於你想不想體驗到它。只要聚焦夠久，就會成眞！這就是法則！**

# 十、自主創造的關鍵在於察覺

一旦了解該如何運用自己的情緒引導系統，你就立刻更上一層樓。

生活體驗接踵而來，你的知覺不斷受到刺激。你把注意力放在某樣事物，每天如此，結果便激發出振動。大多數人都沒發現他們住在振動的宇宙裡，而且他們的存在就是一種振動頻率，他們也沒發覺到振動的頻率會把他們的實相吸引過來，因此他們不懂得要努力保持自主選擇和自主創造。

在步調迅速的環境中，有很多東西要考慮，要透過意識去察覺到所有的思維並不容易。事實上你也無法篩選和安排所有的資訊。還好你不需要釐清腦中的種種思維，因爲吸引力法則會幫你搞清楚。

宇宙中所有的人事物都是意識。所有的意識都是振動，也就是能量。所有的意識都有專注的能力（就連單細胞的變形蟲也可以）。所有的意識都有體驗，所有的意識都有個人對體驗的感知——從個人的感知源源不斷產生出喜好。

面對生活中的對比和多樣化，個人的喜好也隨之從各個意識點散發出去。暴露在你的體驗中，會讓你產生個人的喜好（或願望），一旦你發出振動（願望發射），你內在的自己、你的本源、一切萬有立刻開始回應你的要求。有求必應（你的願望或許來自不同的存在層次），絕無例外。

## 你的振動頻率是否符合你的願望？

無形的你收到了有形的你發出的要求，察覺到你發射出來的願望，並把專注焦點放在你剛剛產生的願望。也就是說，你內在的自己立刻發出了符合新願望的振動頻率；也會立刻接收到願望投射出來的好處。然而，有形的你發出的振動頻率通常無法完全符合你發出的願望，因爲你的願望來自對比，所以和這個願望相關的振動頻率仍參差不齊。

發出了新的願望和喜好後，**內在的自己**或**本源**（振動頻率立刻符合新的願望）所發出的振動頻率，立刻和你個人的有形觀點（仍有參雜的振動頻率）出現分歧。你必須激發出符合新願望的振動——這時就得要仰賴情緒引導系統了，因爲你的情緒會指出你的振動頻率是否與願望相符。

比方說，你想和一個很忙的人說話，但對方實在不願意騰出時間跟你討論。他的態度很輕率，甚至有點粗魯。這樣的體驗導致你發出了願望：就算你不知如何形容，或者不想說出口，但事實上你希望別人能更尊重你。因此你發出了剛剛設定的願望，內在的自己立刻跟希望得到尊重的想法達成一致的振動頻率。然而，有形的你還無法達成一致。你仍在回想剛剛那個人的態度和粗魯的言行。你的振動混合了你希望別人要尊重你，以及你剛剛受到的待遇。你無法和新的願望享有一致的振動頻率——但內在的自己已經做到了。

如果你對自己的感覺非常敏銳，你可以感受到內在自己的振動頻率和你在此刻的振動頻率不相符。事實上，這就是情緒的意義：**良好的情緒，表示振動頻率符合內在自己和你的看法。不好的情緒，表示內在自己跟你的振動頻率出現分歧。**

再舉一個例子：在整理信件的時候，你看到好幾張帳單，算算總共要付多少錢後，你發現自己沒有足夠的存款可以支付。當下你發出想要更多金錢的願望，而內在的自己立刻把注意力放在得到更多錢的想法上，並因著這個想法而感到愉悅。然而，你卻繼續翻找那一堆帳單，陷入當下的處境。你抱怨說：「要付這麼多錢，但我沒有錢。」你還沒和新的願望達成一致的振動頻率，你感受到的負面情緒（擔憂、憤怒、挫折）表示你和本源的振動頻率失調。

**不論什麼主題，如果願望的振動頻率跟你實踐的振動頻率不一致，這個願望就無法進入你的體驗。你必須練習讓振動頻率符合願望，願望才能在生活體驗中實現。**

這就是爲什麼我們要強調情緒引導系統的重要，因爲情緒可以幫你看清楚願望和行動是否發出同樣的振動頻率。要得到你想要的東西，其實只要記得：他人的想法、他人的經歷、他人現在的生活、你過去的體驗、甚或你目前的生活，這些都跟你想要達成的願望沒有關係。重要的是，你的願望和你擁有一致的振動頻率。

# 十一、振動關係和能量平衡

你和本源之間的振動關係便是情緒引導系統的根基。你的引導系統就跟其他的引導系統一樣，以這兩項事物的關係爲基礎。

拿車子的衛星導航系統來打個比方吧。雖然導航系統能夠精準標出你的位置，但如果你沒有輸入想去的目的地，它也無法提供指引。一旦導航系統知道你要去哪裡，就會開始計算從你目前的位置到你想去的地方，該走哪一條路比較好。同樣的，你目前的體重和你想要的體重之間的關係，也會影響你接收到的情緒引導。你目前的財務狀況和你希望銀行帳戶有多少存款之間的關係，也會影響你接收到的情緒引導。

**你目前的位置和你想要去的地方，就是個人引導系統的基礎**。即使沒有衛星導航，你也知道你所在的位置和你的目的地不是同一個地方，而沒有相關的資訊，你就無法清楚知道自己要走哪一條路……只是盲目的從一個地方移到另外一個地方罷了。

每個事物都具有和你的振動關係：很重要的、沒那麼重要的、每天都會出現好幾次的，還有那些你偶爾才會想到的。不論如何，能幫助你的引導系統早就在那裡等著你運用了，因爲生活中所有事物都具有振動關係。

## 到達目的地的最佳路徑

如果你曾經使用過車子的導航系統，一定有過這樣的經驗：輸入了目的地，卻不知道爲什麼偏離了方向。路上或許有什麼東西吸引你的注意，你就臨時起意轉了個彎……導航系統立刻發出警告，說你走錯路了。你有理由轉換路線，但導航系統會繼續提醒你已經偏離了原本要走的路，因爲對導航系統來說，你就是走叉了路。當然，做了新的決定，你可以重新輸入目的地，導航系統就會重新計算新的路線；但若你立定了目標，心裡想著要往那兒去，結果你走的方向卻無法通往新的目的地，那麼警鈴就會響起。

你或許會說：「但是，亞伯拉罕，總有好幾條路可以到達我的目的地吧。」沒錯，有很多讓人覺得滿意的路線，或因著不同的理由而讓你覺得滿足的選擇，都能通往你想去的地方。事實上，生活的喜悅來自旅途。然而，導航系統以獨一無二的方式計算資訊，判定你在哪裡，並在資訊系統中盡可能納入不同的路線選擇。考慮過所有的因素後，你的導航系統算出了最佳的路徑。也就是說，如果系統中完全沒有相關的資訊，也不可能幫你做決定或提供導航。

## 你的個人情緒引導系統

個人的情緒引導系統很像衛星導航系統，除了系統內設定的路線（用來比喻信念），你無法得到更多指引。情緒引導系統基本上只能依據目前的振動（信念），以及振動和目標的關係（別忘了，信念其實只是一直縈繞心頭的思維）來提供指引。

你的情緒指出目前發出的振動符不符合你的目標或願望。你來到地球上，進入有形的身體，你是本源能量的延伸，本源的振動對有形的你來說永不停息。在你探索個人生活體驗的多樣化和對比時，你對事物的喜好就會發出振動頻率，也可說是振動信號（類似電子信號）。基本上你會對著未來的體驗發出這些信號。

由於某項生活體驗讓你萌發出喜好或願望，振動信號便如願望般發射出去，開始凝聚力量，也讓你更能看清楚未來的振動頻率，我們喜歡稱之爲**振動暫存區**。它完全爲了你而準備。沒有其他人可以奪走你自己的創造。你的振動停在那兒，愈來愈有力量和動力，也愈來愈清晰；而你則分析了更多對比的體驗，不斷修正你的願望。**你關注的對比提供了良好的基礎，讓你能發射出獨一無二的願望，只要體驗到不想要的，你就更明白你想要什麼。**

## 你的本源和每天的願望合而爲一

當你投注在這個時空實相，從你獨特的角度來看生活，隨著生活體驗的改善，你也會不停發出新的信號。**你發射出願望，本源能量和這些願望合而爲一。事實上，這正是我們一直明明白白要告訴你的：當你提出要求，必有回應，因爲本源能量收到了你的願望……**本源的力量立刻和你的願望結合在一起。現在，剛發射出去的願望已經和本源能量合一，而針對相關主題你其實已經有習慣性的思維模式（也就是信念），兩者之間的振動關係變得很清楚。你可以感受到兩種能量的頻率是否一致。

收到帳單，發覺你沒有足夠的錢付清所有帳單，想要更多錢的願望就會發射出去，影響未來的振動頻率。在發射的當下，本源能量會和願望一起流動。但如果你繼續擔憂銀行裡沒有足夠的錢來付這些帳單，你的振動頻率和願望就不一致，擔憂或恐懼的情緒便指出你的振動頻率失調。

如果你愛的人對你不好，你會發射出想要得到更多尊重的願望，而你的本源則會符合這個願望，回應你的要求……你的本源會和願望達成一致的振動頻率，立刻應允你的要求。本源和你的願望一起流動，看得見你想要什麼，但如果你無法忘卻受傷的體驗，繼續想著傷痛，你就讓自己的振動頻率脫離了願望，因爲你只注意自己不受人尊重的體驗，願望和有形的你就發出了不一致的振動頻率。

如果和人際關係這個主題相關的振動頻率主要來自現狀，那麼你就無法改善現在的人際關係。你感受到的情緒創傷指出你目前的立足點和你想要去的地方，兩者之間的振動關係必須有所改善。你必須找個方法讓你的振動符合你的願望和你的本源，才能實踐願望。

# 十二、與本源能量協調一致

你專注在有形的身體，你是無形本源能量的延伸。永恆的你把焦點放在這個有形的存在。那清明而充滿喜悅的存在就是完整的你，它流向你，穿過你的身體。但你內在的自己（本源）不會爲你發出思維，你並非被更寬廣的自我所控制的木偶。你是意識清楚的創造者，在有形的時空實相中表達出你獨特的願望。你可以自由選擇思維的方向。

你擁有情緒引導系統，幫助你在每個時刻了解現在所關注的事物和內在自己的觀點，兩者之間的振動關係爲何。

當你和其他人互動、體驗生活中的大小細節，你會碰到許多對比和多樣化，導致你不斷發射出願望。你可以說，這些願望正在未來的體驗中等著你去實現。我們則想說，這些願望被你的本源能量留在某種振動暫存區裡等著你。它們是你的創造，完全屬於你，正等著你的振動頻率和它們達成一致。**現在你必須感受到你正朝著一致的目標邁進。**

你的情緒引導系統（你的感受）無時無地都在指出你最活躍或最主要的振動（信念）和你剛發射出去、等著要實踐或進入你生活體驗的願望，兩者的振動頻率是否相符。**把注意力放在想要的東西上，便可以感覺到和諧或失調：感覺愈好，你的振動頻率和願望愈貼近。感覺愈差，振動頻率和願望的差距愈大。**

## 投注更多的注意力，情緒強度跟著提升

看著想要的東西你便開始發出振動，你可以感受到你在振動度量上的位置。你可以感覺到自己是往豐足那一頭靠去，還是朝著匱乏那一頭。**你的情緒指出你目前的信念和你的願望之間是什麼樣的關係。**

如果你的生活體驗讓你發射出跟某個主題相關的許多願望，朝向這個願望流動的本源能量增強，關於這個主題你也會感受到更強烈的情緒。投注愈多的注意力，吸引力法則的回應愈強，能量也流動得愈快，你會發覺自己感受到熱切、熱情、充滿生氣或喜悅等情緒。

感受到憤怒、憎恨或恐懼等強烈的負面情緒時，該怎麼辦？這些強烈的情緒通常也表

示能量流動的速度加快了；也就是說，對比的體驗讓你發射出強而有力的願望，本源能量現在則朝著這些願望流動。你感受到的負面情緒，是因爲願望（已經得到本源能量的聚焦）和當下活躍的振動頻率（你關注的事物）兩者之間的振動不符。

## 情緒的力量

情緒引導系統會根據兩個明顯的要素提供反應：第一，願望的力量（也就是願望的振動速度），它是由對比體驗的多寡和發射出多少相關的願望所決定；第二，你目前的思維朝著哪個方向走。換句話說，你的情緒引導系統會根據你目前的立足點和目的地兩者之間的振動關係，提供強大而正確的指引。

如果生活體驗讓你眞的很想要某個東西，你卻把注意力放在跟願望相反的東西上，你就會感受到強烈的負面情緒。如果你的願望夠強烈，目前的思維也跟願望的振動頻率一致，你就會感受到強烈的正面情緒。你的情緒能正確指出你的願望跟你目前的位置之間具有什麼樣的振動關係，而你的情緒引導系統一定能提供正確的指標，隨時隨地派上用場。千萬不要忽視情緒的力量。

# 十三、身體的振動關係

以下這些例子說明人們對於自己的身體抱持著什麼樣的**願望和信念**，以及願望和信念之間的振動關係。我們會先舉出常見的願望，也就是很多人對自己身體的期待，然後再列出和這個願望相關的信念。在信念後面的括號裡，我們則會明確指出願望和信念之間的振動關係。

**想要實踐願望，在生活體驗中能夠看見你想要的東西，你的願望和信念一定要有相符的振動頻率。**

閱讀以下例子時，你會感受到我們陳述的願望和常見的信念之間，阻力愈來愈小，這表示振動關係改善了。

（**願望：我想要活得健健康康，長命百歲。**）

**信念**：我不太可能活得健康長久，因爲家族中很多人生病去世。【信念的振動頻率不符合願望。】

**信念**：我生長的年代跟我父母親、祖父母及更早的祖先們差距很大。【信念的振動頻率較符合願望。】

**信念**：今日我能夠得到充足的食物和資訊來維持身體健康。【信念的振動頻率更加符合願望。】

（**願望：我想要活得健健康康，長命百歲。**）

**信念**：我父母親都不怎麼健康。【信念的振動頻率不符合願望。】

**信念**：父母的生活型態跟我很不一樣。我們的環境不同，吃的東西不一樣，對自己的看法也不一樣。【信念的振動頻率較符合陳述的願望。】

**信念**：父母親的健康跟我的健康沒有絕對關係。【信念的振動頻率更加符合願望。】

（願望：我想要活得健健康康，長命百歲。）

信念：目前的環境裡充滿各種疾病。【信念的振動頻率不符合願望。】

信念：周遭一直有很多疾病，可能還有不少我從未聽聞的疾病。【信念的振動頻率較符合願望。】

信念：疾病存在不代表我一定會生病。【信念的振動頻率更符合願望。】

信念：我的身體很聰明，儘管常常接觸到病毒，但懂得如何應付。【信念的振動頻率更加符合願望。】

（願望：我想要活得健健康康，長命百歲。）

信念：即使治療方法日新月異，新的疾病還是不斷冒出來。【信念的振動頻率不符合願望。】

信念：世界各地的人身體愈來愈健康。【信念的振動頻率較符合願望。】

信念：因著匱乏的振動頻率而盛行的疾病，無法影響振動頻率符合本源的人。【信念

的振動頻率更符合願望。】

**信念**：別人抗拒健康，並不會影響我的健康。【信念的振動頻率更加符合願望。】

（**願望：我想要活得健健康康，長命百歲。**）

**信念**：大多數人終究都會身體衰敗。【信念的振動頻率不符合願望。】

**信念**：每個人會體驗到不同程度的健康衰退。有形生命的終結不一定都是病痛所致。【信念的振動頻率較符合願望。】

**信念**：一個人在有形身體裡的時間和衰退程度無關。【信念的振動頻率更加符合願望。】

（**願望：我希望這一生都能擁有強健的身體，而且活動自如。**）

**信念**：年紀愈來愈大，難免體力和耐力都會減退。【信念的振動頻率不符合願望。】

**信念**：每個人的生活體驗不盡相同。【信念的振動頻率較符合願望。】

**信念**：不論什麼年紀，都有健康的人和虛弱的人，所以年紀不是重點。【信念的振動

頻率更符合願望。】

（願望：我想要達到健康窈窕的體重並加以維持。）

**信念**：要維持理想的體重很難，一定得每天費力運動，放棄想吃的東西。【信念的振動頻率不符合願望。】

**信念**：每個人的活動和飲食習慣都不一樣，結果也會有很大的差異。【信念的振動頻率較符合願望。】

**信念**：我可以找到一種讓我覺得很自在的生活型態，同時也能帶給我想要的結果。【信念的振動頻率更加符合願望。】

（願望：我想要變得敏捷靈活。我希望我能活動自如，行動時覺得很開心。）

**信念**：年紀愈大，我就愈脆弱，靈活度也降低了。【信念的振動頻率不符合願望。】

**信念**：很多人即便年紀大了仍然很健康，身體也很靈活，反倒是不少年輕人健康欠佳，靈活度也很差。年齡不是重點。【信念的振動頻率較符合願望。】

**信念**：當我下定決心每天都要動一動時，身體狀況就會持續改善！【信念的振動頻率更加符合願望。】

（**願望：我想要清晰的思維。我想要學得快，也能記得清楚。**）

**信念**：我常常覺得腦袋混沌，讀過或學過的東西都記不下來。【信念的振動頻率不符合願望。】

**信念**：學習自己喜歡的事物時，記憶力較好。【信念的振動頻率較符合願望。】

**信念**：當專注學習時，頭腦就很清楚。【信念的振動頻率更加符合願望。】

（**願望：我想要腦袋更清楚。我要記得我把東西放在哪裡。**）

**信念**：我老是記不住東西放在哪裡。【信念的振動頻率不符合願望。】

**信念**：即使有時候我記不住東西放在哪裡，最後總是會想起來，找到我要的東西。【信念的振動頻率較符合願望。】

**信念**：把某樣東西放在某個位置，也思考過爲什麼放在那裡最好，我就能更輕鬆的記

起放東西的地方。【信念的振動頻率更加符合願望。】

對於不同的事物，你會有很多想法或信念。或許在剛才的例子裡，有些陳述就反映出你的信念。你必須問自己一個最重要的問題：**這個信念的振動頻率是否符合我的願望？**如果不符合，就無法達成願望。試著透過言語或想法給自己更好的感受，更貼近你的願望。不斷嘗試，你就可以找到給你更好感受的方法。在這個練習過程中，持續追尋能改善感受的事物，你就能夠訓練自己的振動（和你所產生的吸引力），讓好事發生在你身上。

**有些信念對你有益，有些則無益。察覺到你最想要的東西和目前的信念擁有什麼樣的振動關係，能幫助你弄清楚哪些信念對你有益。你會明白要找到和願望一致的信念並不難，發出這樣的信念後，心中的願望就會變成實相。**

# 十四、家的振動關係

下面的例子說明人們對於家庭常抱持著什麼樣的願望和信念。首先舉出很多人對家所懷抱的願望，然後再列出跟願望有關的一連串常見信念。在信念後面的括號裡，我們會標出振動相容的程度。

**想要實踐願望，在生活體驗中能夠看見你想要的東西，你的願望和信念一定要有相符的振動頻率。**

閱讀以下的願望和信念，你會注意到願望和信念之間，抗拒力逐漸降低，這表示振動關係改善了。

（願望：我希望能買得起一棟漂亮的房子。）

**信念**：我買不起我想要的房子。【信念的振動頻率不符合願望。】

**信念**：在相近的價格內，可以找到更好的房子。【信念的振動頻率較符合願望。】

**信念**：我有可能買到難得一見的便宜好房子。【信念的振動頻率更加符合願望。】

（願望：我希望能控制個人居住環境的品質。）

**信念**：雖然社區訂有住戶規章，卻無法強制執行。鄰居愛怎樣就怎樣，完全沒考慮到會對別人造成什麼影響。【信念的振動頻率不符合願望。】

**信念**：鄰居們基本上跟我一樣，都希望能住在一個舒適的環境。【信念的振動頻率較符合願望。】

**信念**：附近的生活環境大體上來說還不錯。【信念的振動頻率更加符合願望。】

（願望：我希望我住的地方很安全。）

**信念**：任何人都可以進入我們社區，我覺得很不安全。【信念的振動頻率不符合願望。】

**信念**：想想實際狀況，我明白私人財產或物品遭到侵害的機率其實很低。【信念的振動頻率較符合願望。】

**信念**：我的財產並未成爲別人覬覦的目標。我家也很安全。【信念的振動頻率更加符合願望。】

（**願望：我希望家裡有現代化的設備，給我舒適的生活。**）

**信念**：很多東西可以讓生活更輕鬆舒適，但是要花很多錢。【信念的振動頻率不符合願望。】

**信念**：我買得起能讓生活更簡單便利的工具和設備。【信念的振動頻率較符合願望。】

**信念**：很多事情我做得到，也能完全掌控，這些事會讓我的居住環境更舒適自在。【信念的振動頻率更加符合願望。】

（願望：我想要有自己的房子。）

信念：買房子得付一大筆頭期款，但我根本沒存什麼錢。【信念的振動頻率不符合願望。】

信念：現在的經濟條件讓大家都買得起房子（如果他們眞的想買房子的話）。【信念的振動頻率較符合願望。】

信念：我知道當我想要買房子的時候，我一定會找到方法達成心願。【信念的振動頻率更加符合願望。】

（願望：我想要一個家，我想要每天都能過得很滿足。）

信念：就算眞有完美的家，我也不知道如何尋找，更不知道能不能供得起。【信念的振動頻率不符合願望。】

信念：經驗告訴我，我不斷變動，品味和願望也會一直改變。【信念的振動頻率較符合願望。】

**信念**：我不需要找到讓我完全滿意的地方。我只要先找到當下我很喜歡的房子，以後還是有可能再做改變。【信念的振動頻率更加符合願望。】

有些人認爲，只是找到讓自己感覺稍微好一點的東西，似乎難以改變一切。「換個說法有什麼好處？不就是否認現狀嗎？我從小就被教導要說實話，也要面對現實。」

我們要你明白，這個轉換信念的過程會幫助你創造出更令人愉悅且不一樣的實相。如果你只看事情的表面，只討論表面的樣子，什麼也不會改變。你無法立刻讓自己的看法有一百八十度的轉變，但你可以把讓你感覺更快樂的部分融入你的看法中，這其實不難做到。當你改變振動頻率，感覺情緒變好了，願望和信念之間的振動分歧就能解決；你的振動會更加符合你的願望，生活中的事物也一定會反映這些變化。

**既然能夠創造出令你快樂的實相，爲什麼要接受讓你不快樂的現實呢？**

# 十五、工作的振動關係

下面的例子展現出許多人對工作常抱持的願望和信念，以及兩者之間的振動關係。首先我們會陳述很多人對工作的願望，接著列出和願望相關的常見信念。在信念後面的括號裡，我們會指出振動相容的程度。

**想要實踐願望，在生活體驗中能夠看見你想要的東西，你的願望和你的信念一定要有相符的振動頻率。**

閱讀下列的願望和信念，你會注意到願望和信念之間，抗拒力逐漸降低，這表示振動關係改善了。

（**願望：我想要更令人滿意的工作。**）

**信念**：我學到了這份工作的技能，但我已經厭倦了。【信念的振動頻率不符合願望。】

**信念**：這份工作一開始還滿有趣的。【信念的振動頻率較符合願望。】

**信念**：在我學會如何做好這份工作的同時，我也學到了很多技能。【信念的振動頻率更加符合願望。】

（**願望：我想要能帶給我更多金錢報酬的工作。**）

**信念**：做這份工作就只能賺到這些錢，根本無法提高我的收入。【信念的振動頻率不符合願望。】

**信念**：有些公司給的薪水比較好，除了現在工作的地方，我還有很多地方可以去。【信念的振動頻率較符合願望。】

**信念**：我可以找到一家更看重我技能的公司。【信念的振動頻率更加符合願望。】

（願望：我想要更愉快的工作環境。）

信念：這個工作環境實在很討厭。【信念的振動頻率不符合願望。】

信念：推行一些好的想法，再加上一點點創造力，我就能改善周遭的環境。誰知道呢，或許我可以開創新潮流。【信念的振動頻率較符合願望。】

信念：採用了幾個好的想法，並下定決心用不同的眼光看待工作環境，我發現其實這個地方也沒有那麼糟糕。【信念的振動頻率更加符合願望。】

（願望：我想要和容易相處的人共事。）

信念：我無法控制誰能夠來到這裡工作，跟我同一間辦公室的人很討厭。【信念的振動頻率不符合願望。】

信念：職場上有很多個性不一樣的人。【信念的振動頻率較符合願望。】

信念：我真的很喜歡那位親切的總機小姐。【信念的振動頻率更加符合願望。】

**（願望：我想要一份能夠激發個人成長的工作。）**

**信念**：我覺得這份工作沒有發展的機會，但我逃不掉。【信念的振動頻率不符合願望。】

**信念**：或許有其他的發展機會，但我沒注意到。【信念的振動頻率較符合願望。】

**信念**：我想要的工作一定存在，我知道我要什麼。【信念的振動頻率更加符合願望。】

**（願望：我想要自由。）**

**信念**：工作很不自由，我感覺自己被困住了。【信念的振動頻率不符合願望。】

**信念**：我的工作還算多樣化，有些事情做起來也很好玩。【信念的振動頻率較符合願望。】

**信念**：是我選擇要來這裡工作的，想要的話我也可以選擇離開。【信念的振動頻率更加符合願望。】

有時候你會覺得難以控制自己的思維。大多數人都是觀察周遭的情況之後，憑直覺做出反應。但是當你發現自己能細細研究這些體驗，自主選擇感覺更好的想法時，你就明白創造力無堅不摧。練習了一段時間，不論發生什麼事，你仍然可以時時刻刻和自己的願望保持連結。當你學會控制振動頻率，唯有感覺良好的事才會發生在你身上。

# 十六、人際之間的振動關係

下面的例子展現出許多人對於人際關係常抱持的願望和信念，以及兩者的振動關係。首先我們會舉出很多人對人際關係的願望，然後列出跟願望有關的常見信念。在信念後面的括號裡，我們會標出振動相容的程度。

**想要實踐願望，在生活體驗中能夠看見你想要的東西，你的願望和你的信念一定要有相符的振動頻率。**

閱讀下列的願望和信念，你會注意到願望和信念之間，抗拒力逐漸降低，這表示振動關係改善了。

（願望：我想要找到完美的伴侶。）

信念：我一直找不到適合的人，真的不錯的對象都已經有伴了。【信念的振動頻率不符合願望。】

信念：我決定要開始尋找人生伴侶，我已經想清楚自己要什麼了。【信念的振動頻率較符合願望。】

信念：做出決定後，通常結果會符合我的心願。【信念的振動頻率更加符合願望。】

（願望：我想要改善與伴侶的關係。）

信念：不管我做什麼，似乎都會惹惱另一半。【信念的振動頻率不符合願望。】

信念：我們剛認識的時候，相處得非常好。【信念的振動頻率較符合願望。】

信念：我想要找回兩人彼此相愛的感覺。【信念的振動頻率更加符合願望。】

（願望：我想要改善和爸媽的關係。）

**信念**：雖然我已經長大成人，媽媽還是覺得她必須事事幫我做決定。【信念的振動頻率不符合願望。】

**信念**：爸爸很關心我，因爲他希望我能過更好的生活。【信念的振動頻率較符合願望。】

**信念**：媽媽是出於一片善意，但她的言行無法左右我。【信念的振動頻率更加符合願望。】

（**願望**：**我想要改善和子女的關係**。）

**信念**：我女兒覺得我總是阻擋她去做些什麼。【信念的振動頻率不符合願望。】

**信念**：我像我兒子這麼大的時候，對生活的看法和現在很不一樣，當時我的想法應該跟他現在差不多吧。【信念的振動頻率較符合願望。】

**信念**：我們一直在改變，改變很好。【信念的振動頻率更加符合願望。】

（**願望**：**我想要改善跟上司的關係**。）

**信念**：我的上司似乎沒發現我的價值。【信念的振動頻率不符合願望。】
**信念**：我希望在工作上能表現得更好。【信念的振動頻率較符合願望。】
**信念**：不管別人怎麼想，我都喜歡我的工作。【信念的振動頻率更加符合願望。】

（**願望：我想要改善人際關係。**）

**信念**：大家都不了解我，我就像一隻擱淺的小魚。【信念的振動頻率不符合願望。】
**信念**：人有很多種，我確實能跟某些人產生共鳴。【信念的振動頻率較符合願望。】
**信念**：我和那個人的確相處得不錯。【信念的振動頻率更加符合願望。】

用心調整你的想法，朝向那些讓你感覺更好的信念，而且我們向來鼓勵大家，**從簡單的開始做起**。很多人一開始就把注意力放在最難改善的關係上，以這段關係當作試驗來調整自己的振動平衡，但我們建議你千萬不要這麼做。先從簡單的做起，在大多數的事物上都找到比從前更好的想法，然後再把注意力轉移到更具挑戰性的情況。隨著時間過去，你會發現你完全能夠控制你的感受、控制你的專注焦點、控制你所產生的吸引力、控制進入你生活體驗的一切。

# 十七、財務豐足的振動關係

下面的例子展現出許多人對於財務豐足常抱持的願望和信念，以及兩者的振動關係。首先我們會舉出很多人對財務豐足的願望，然後列出跟願望有關的常見信念。在信念後面的括號裡，我們會標出振動相容的程度。

**想要實踐願望，在生活體驗中能夠看見你想要的東西，你的願望和你的信念一定要有相符的振動頻率。**

閱讀下列的願望和信念，你會注意到願望和常見的相關信念之間，抗拒力逐漸降低，這表示振動關係改善了。

**（願望：我想要擁有更多錢。）**

**信念**：我一直賺不到足夠的錢好過我想要的生活，我覺得好累。【信念的振動頻率不符合願望。】

**信念**：只要做好規畫，我就能用較少的金錢滿足更多的慾望。【信念的振動頻率較符合願望。】

**信念**：我很高興有足夠的資本做我想做的事。【信念的振動頻率更加符合願望。】

**（願望：我希望賺錢能變得更容易。）**

**信念**：我老覺得人生都拿來工作賺錢了。【信念的振動頻率不符合願望。】

**信念**：確實有些工作的薪水比較高。【信念的振動頻率較符合願望。】

**信念**：我很高興我的技能符合市場需求，能賺到夠我花用的錢。【信念的振動頻率更加符合願望。】

（**願望：我希望金錢會讓我覺得很快樂。**）

**信念**：媽媽說金錢買不到快樂。事實上，她認爲金錢會毀了人生。【信念的振動頻率不符合願望。】

**信念**：不論有錢或沒錢，都有快樂和不快樂的人。金錢不一定會毀了人生。【信念的振動頻率較符合願望。】

**信念**：我覺得金錢帶給我自由。金錢消除了一些限制，也給我更多機會去嘗試不一樣的可能。【信念的振動頻率更加符合願望。】

（**願望：我希望看到別人困頓時自己不會覺得難受。**）

**信念**：我愛死了我的豪華新車，但看到別人流落街頭無家可歸，我覺得充滿罪惡感。【信念的振動頻率不符合願望。】

**信念**：我明白就算我不買新車，遊民也不會因此有地方住。【信念的振動頻率較符合願望。】

**信念**：每個人擁有的金錢都符合他們的期待，以及他們願意自己擁有的額度。【信念的振動頻率更加符合願望。】

（**願望：我希望能達到財務平衡。**）

**信念**：不論我多努力、多辛苦工作，總會碰到阻礙讓我無法向前。【信念的振動頻率不符合願望。】

**信念**：我無法控制這個月能賺到多少錢，但我能控制要花多少錢。【信念的振動頻率較符合願望。】

**信念**：我會慢慢達到收支平衡。【信念的振動頻率更加符合願望。】

（**願望：我希望能把債務還完。**）

**信念**：一直背著債務讓我覺得很煩。每個月要償還的貸款就去掉薪水的一大半，幾乎沒有剩下多少錢可以享受生活。【信念的振動頻率不符合願望。】

**信念**：有借有還也不是壞事。有些東西要存很久的錢才能夠享受到，也許貸款可以提

早達成願望。【信念的振動頻率較符合願望。】

**信念**：不論有沒有債務，我都能達成財務平衡。不少成功人士也身負貸款。【信念的振動頻率更加符合願望。】

**當你決定要改善願望和信念之間的關係，你就會立刻看到成果。**金錢影響了人生許許多多的層面，無可避免的你一定會常常想到錢的事情。如果碰到和金錢相關的主題，你就努力改善自己的感受，你所產生的吸引力也會跟著轉換，願望和信念的振動關係也會立刻出現改善。

# 十八、世界的振動關係

下面的例子展現出很多人對於周遭世界常抱持的願望和信念，以及兩者的振動關係。首先我們會舉出很多人對世界的願望，然後列出跟願望有關的常見信念。在信念後面的括號裡，我們會標出振動相容的程度。

**想要實踐願望，在生活體驗中能夠看見你想要的東西，你的願望和你的信念一定要有相符的振動頻率。**

閱讀下列的願望和信念，你會注意到願望和信念之間，抗拒力逐漸降低，這表示振動關係改善了。

（願望：我希望這個世界變成一個更快樂的地方。）

信念：這個世界上有好多不幸的人。【信念的振動頻率不符合願望。】

信念：我過得還算不錯。【信念的振動頻率較符合願望。】

信念：看看那個小女孩有多快樂。【信念的振動頻率更加符合願望。】

（願望：我希望世界上的人都能夠和平相處。）

信念：眼前有很多衝突和戰爭。【信念的振動頻率不符合願望。】

信念：並非所有人都捲入衝突。【信念的振動頻率較符合願望。】

信念：世界上有很多人過著喜悅的生活。【信念的振動頻率更加符合願望。】

（願望：我希望這個世界變得很安全。）

信念：萬一地震、海嘯、核爆之類的災難破壞了地球居民的幸福，該怎麼辦？【信念

的振動頻率不符合願望。】

**信念**：我們都活在災難的陰影下，災難威脅到人類的生存，但我們活下來了，而且活得好好的。【信念的振動頻率較符合願望。】

**信念**：地球居民的幸福確實是最重要的。【信念的振動頻率更加符合願望。】

（**願望：我希望全世界的人都能享有健康。**）

**信念**：這個世界上有很多東西會威脅到我們的健康。【信念的振動頻率不符合願望。】

**信念**：有些地方似乎充滿毒素，但很多地方依然欣欣向榮。【信念的振動頻率較符合願望。】

**信念**：地球擁有驚人的復原力。【信念的振動頻率更加符合願望。】

（**願望：我想要多多體驗這個世界。**）

**信念**：世界之大，我卻只體驗到很小的一塊。我覺得我錯過了好多東西。【信念的振動頻率不符合願望。】

**信念**：科技讓周遊列國變得更容易。在親訪某些地方之前，我可以看看照片和收集相關資訊。【信念的振動頻率較符合願望。】

**信念**：我熱愛探索世界，不論到哪裡，我都會注意所有細節。【信念的振動頻率更加符合願望。】

過去的科技無法讓人們看到地球上各個村落或城市的狀況，因此你可以只看著周遭的人事物，多數時候保持良好的感受。而現在很多人大聲疾呼動亂、戰爭和各種天災人禍，人們對世界的觀察常常是透過新聞媒體偏頗的觀點，對這個世界的生活也產生了非常扭曲的看法。

不斷看到各地慘劇的影像，雖然和你個人無關，你也無力改變，但這會增長你心中的無力感。

我們希望你能了解這些事情與你無關。**你的要務是處理好自己的能量平衡，能量平衡了，你的世界就會擁有完美的振動頻率。**

# 十九、政府的振動關係

下面的例子展現出許多人對於政府常抱持的願望和信念，以及兩者的振動關係。首先我們會舉出人們對政府的願望，接著再列出跟願望有關的常見信念。在信念後面的括號裡，我們會標出振動相容的程度。

**想要實踐願望，在生活體驗中能夠看見你想要的東西，你的願望和你的信念一定要有相符的振動頻率。**

閱讀下列的願望和信念，你會注意到願望和信念之間，抗拒力逐漸降低，這表示振動關係改善了。

（願望：我希望國家領導者睿智又負責任。）

**信念**：我們政府的領導人似乎很蠢又不負責任。【信念的振動頻率不符合願望。】

**信念**：或許在政府裡工作的某些人很聰明且有天分，在不同的領域發揮個人長才。【信念的振動頻率較符合願望。】

**信念**：我很欣賞那位政府官員對這件事的說法。【信念的振動頻率更加符合願望。】

（願望：我希望政府能夠照顧人民的願望和利益。）

**信念**：政客在選舉時總會說好聽話，等到選上了就只管自己的利益。【信念的振動頻率不符合願望。】

**信念**：政府的組織很複雜，雖然有些層面看似失衡，但在某些方面也能明顯看到政府發揮了有效服務大眾的功能。【信念的振動頻率較符合願望。】

**信念**：我的國家很不錯，住在這裡好處多多。【信念的振動頻率更加符合願望。】

（願望：我希望政府官員能夠記得服務人民是他們的責任。）

**信念**：我們的政府似乎忘了當初聲稱要為人民服務的宗旨。【信念的振動頻率不符合願望。】

**信念**：政府雖然缺乏效率，但我不認為沒有政府我們會過得更好。【信念的振動頻率較符合願望。】

**信念**：我們的政府是由很多立意良好的部門和個人所組成。【信念的振動頻率更加符合願望。】

（願望：我希望政府能行事公平，保持權力平衡。）

**信念**：執政者很獨裁，漠視其他有價值的看法。【信念的振動頻率不符合願望。】

**信念**：當政府的措施和我的看法互相牴觸時，我覺得很氣憤。但或許理念不合也是平衡過程的一環。【信念的振動頻率較符合願望。】

**信念**：雖然有時候我不同意執政者的看法，但現行體制能確保執政者無法永遠在位。

因此，或許一段時間後終能達成權力平衡。【信念的振動頻率更加符合願望。】

（**願望：我希望我們的政府能夠得到其他政府和世人的尊敬。**）

**信念**：政府的行爲令人難堪又非常霸道，在其他國家眼中看來一定是自私自利。【信念的振動頻率不符合願望。】

**信念**：對於政府的批評，以及來自其他國家的負面回應，僅僅是少數。【信念的振動頻率較符合願望。】

**信念**：不論過去或現在，我們的政府都努力爲世界創造價值。【信念的振動頻率更加符合願望。】

（**願望：我希望政府能看緊國庫。**）

**信念**：政府就像一般企業，若持續入不敷出，沒幾年就要破產倒閉了。【信念的振動頻率不符合願望。】

**信念**：我對政府財政情況的擔憂，其實是來自害怕未來會發生更糟的問題，而非現況

眞的有多糟。【信念的振動頻率較符合願望。】

**信念**：雖然政府組織擴大，花的錢愈來愈多，但人民的整體生活確實持續獲得改善。【信念的振動頻率更加符合願望。】

♀

很多人想要做到能量平衡，但又猶豫不決，對自己反對的人事物立刻定罪，從未思考對方也有可能是無辜的。**討論到政府事務（或任何相關的問題），我們不希望左右你的想法。我們只希望你能找到振動平衡。唯有當你的振動頻率符合你的願望時，你的生活和世界才會反映出平衡的狀態。**

# 二十、讓你的振動頻率回歸圓滿

看了前述願望和信念的範例後，你的振動也會跟著被啓發了。或許你覺得自己同意某些陳述，或者不同意某些說法，而在閱讀一連串可能會觸動思維的主題後，你很容易忘了眞正的目標。我們要你記得一個最重要的前提：**一定要讓願望的振動符合信念的振動，若是兩者的振動頻率不符，你的振動也不會協調。一旦振動頻率不符合願望，你迫切渴望的幸福就無法進入你的體驗。**

換句話說，人們很容易想要更多錢，但又相信錢就是不夠。

人們常常會想要減掉多餘的體重，卻相信怎麼調整飲食都沒有用。

人們也常常會想要健康的身體，卻相信自己的生理狀況無藥可醫。

## 平衡願望和信念之間的振動

我們提供這些例子是爲了幫助你明白，你必須讓願望和信念達成振動平衡。如果你的身體很健康，或者如果你現在已經有很多錢可以花，那麼看著目前的狀況及討論現狀，並不會讓願望和信念的振動失調。但如果想到某個主題時，情況不如你所願，那麼討論現狀一定會讓願望和信念的振動出現分歧。振動不協調，會妨礙你實現願望。別忘了，這時候你的情緒會指出振動失衡了。

## 最終的能量平衡

回頭看看有關願望和信念的例子，試著去體驗願望和第一個信念帶給你的不一致感受。然後，讀到第二個信念時，注意你是否覺得鬆了一口氣；到第三個信念時，你應該覺得更放心了吧。

要讓你的體驗變得更美妙，你只需要了解願望和信念的振動關係，然後用心改善，達成最終的能量平衡。

在討論對錯或眞假時，很容易迷失了方向。很多人會指出：「這就是目前的狀況，我不能否認目前的情況就是這樣。」他們認為有很多人同意他們對不公平或錯誤的看法。但我們要你明白，把注意力放在這些事物上，就會啓動違反願望的振動，讓你永遠無法改善情況。你無法持續激發與願望牴觸的振動，還期待能實現這些願望。你必須先讓你的振動符合願望的振動。

# 二十一、和內在的自己達成一致的振動頻率

能夠持續察覺你目前的想法和內在自己的觀點之間的振動關係，是非常重要的。你要記得，內在自己的關注焦點會隨著願望而改變，你若能和內在的自己達成一致的振動頻率，你就能和想要的願望達成一致的振動頻率。

爲什麼要和內在的自己／本源／本來的面目享有一致的振動？因爲這麼做除了對你有利，也能讓你感到很快樂：

**無形的你是你所有面目的匯總，因此充滿智慧。**

**無形的你是本源能量，因此它的振動頻率等於愛和幸福。**

**內在自己的振動是純粹、正面的能量（不會碰到任何阻力），因此非常強大有效。**

當你努力和無形的你達成更一致的振動頻率時，你便敞開心胸迎接智慧、愛、幸福和力量。當你和本源的振動一致時，你便體驗到與生俱來的清晰、活力、熱切、熱情和幸福。

## 隨順還是抗拒？

和本源達成一致的振動頻率，我們稱之爲**隨順**。和本源的振動頻率不一致，就無法隨順。振動頻率的差距愈大，你將愈無法連結到本源，抗拒的程度也愈高：抗拒興旺、抗拒圓滿、抗拒清晰、抗拒豐足、抗拒個人的幸福。**敏銳察覺到你的情緒，能幫助你明白此時此刻你是隨順還是抗拒：覺得愈快樂，便愈能夠連結到本源；覺得愈不快樂，愈無法連結到本源。**

## 最重要的決定

當你決定要用心察覺你和本源之間的振動關係，你就做出了人生最重要的決定，你的意識已經啓動了個人的引導系統，你再也不會迷失方向。察覺到你的情緒，明白情緒代表的意義，就能自主選擇讓你感受更快樂的思維，專注改善你的感覺，再也沒有費盡力氣卻無法達成的目標……心中所願皆能進入你的體驗。

你不斷產生新的意念，相信你能達成願望的信念也跟著增強。你覺得很自由、無所不能、滿腔熱情、充滿喜悅。你的感覺符合內在自己的感覺——享受產生願望的對比，願望召來創造世界的能量，在這創造的制高點乘著快速前進的浪潮。

簡單來說，你和內在自己之間的振動關係，有快樂和難過之分。令人快樂的情緒表示你隨順本源，和本源達成一致的振動頻率；令人難過的情緒表示你和本源的振動頻率不一致，抗拒本源的能量。

## 感覺自由或感覺受限？

想到各式各樣的情緒，例如喜悅、愛和感激等感覺良好的情緒……一直到憂慮、失望、害怕、憂傷等感覺不好情緒，你是否感受得到那些令人快樂的情緒帶給你的力量？而那些令人不快的情緒又有多麼令人喪志？你感覺得到天平一端的自由和另一端的不自由嗎？

感覺良好的那一端符合自由的振動頻率；感覺很差的那一端則符合缺乏自由的振動頻率。自由和不自由其實都是知覺，不論你是否明白，你絕對享有自由，因爲沒有人可以進入你的內心，為你提供振動，只有你發出的振動才會影響你的體驗。所以你一定要從自己的觀點去體驗到某些情緒代表的自由和力量，也要了解有些情緒代表束縛和喪志。

內在的自己（本源）明白，不論在什麼情況下，你都享有絕對的自由，能創造出你想要的東西；當你察覺到不自由，這些跟隨著絕望或恐懼而來的負面情緒則指出你的振動頻率失調了。內在的自己（本源）明白，不論在什麼情況下，你都能自由創造出你想要的東西；當你察覺到你享有自由，感受到正面的情緒，表示你的振動頻率和本源達成一致了。

當你明白良好的感受比什麼都重要，你也就明白了最重要的事。你決定要自主控制你和本源之間的振動關係。你決定了要用與生俱來的引導系統，去觀察和控制你目前的想法和隨之而來的振動與內在自己之間的振動關係。你決定了要好好觀照你和本源的連結。你決定要保持連結，而不是切斷連結。對於你覺得重要的事物，你選擇了清晰、活力、熱切、豐足，還有喜悅。

# 二十二、找到令你感覺良好的思維

我們要提出一句充滿智慧且非常顯而易見的陳述：**人在哪裡，心就在哪裡**。心中所想的事情和目前的思維，創造出生活體驗中的現狀。就這麼簡單！然而，我們要你把專注焦點放在你目前的位置和你想要達成的目標之間的振動關係上，因爲振動關係決定了你的力量。創造力也埋藏在這裡面。

**你現在所處的位置和你的目標之間的振動差異，便是讓你大展身手的創意舞台。這就是你來到地球上要體驗和享受的，永遠不會結束。**

你目前的位置和感受就是產生吸引力的振動點。如果你明白這一點，就可以透過感受得知你目前的位置是否符合本源的振動。

如果你決定要盡全力讓你的振動符合本源的振動，在摸索的過程中，你會感覺愈來愈快樂——**找到令你感覺更好的思維時，你就會體驗到抒解。**

## 從隨順到抗拒的情緒引導量尺

想像眼前有個情緒引導的量尺，一端是給人良好感受的思維，另一端則是感受不好的思維。你要明白，感覺很好的那端等於**隨順**，感覺不好的那端等於**抗拒**。根據你選擇的思維，你可以朝著量尺的任何一端移動。當然，如果你離量尺的一端愈遠，就靠另一端愈近。也就是說，這個思維感覺比較好、那個思維感覺比較糟，這個感覺比較好的思維表示隨順、那個感覺比較糟的思維表示抗拒……

情緒引導量尺或許像下面這樣：

一、喜悅／知識／活力／自由／愛／感激
二、熱情
三、熱切／渴望／快樂
四、正面的期望／信念
五、樂觀
六、滿懷希望

七、滿足
八、厭倦
九、悲觀
十、挫折／惱怒／不耐煩
十一、不知所措
十二、失望
十三、懷疑
十四、擔憂
十五、責怪
十六、沮喪
十七、憤怒
十八、報復
十九、恨意／狂怒
二十、嫉妒
二十一、沒有安全感／罪惡感／缺乏價值
二十二、恐懼／哀傷／憂鬱／絕望／無力

由於同樣的字眼可能會用來表達不同的意義，而不同的字詞也有可能拿來表達同一個東西，這些標示情緒的字眼對感受到情緒的人來說並非全然正確。事實上，用文字來標記情緒可能會造成混淆，讓你偏離了情緒引導量尺真正的目的。

**最重要的是有意識的追尋改善後的感受，用什麼字眼來描述並不重要。**

## 抒解抗拒，持續不斷

**要平衡能量，一個很有效的方法是：持續追尋抒解的感受。**感覺到抒解，就表示振動改善了，也表示釋放了抗拒，提升了隨順的程度——如果我們進入你有形的身體，就會讓抒解的體驗變成個人知覺中最重要的感受。

持續尋找能讓感受變得更好的事物，你的思維就更加接近內在自己的觀點。在這個過程中，你也會擺脫抗拒。

**你無法實現心中所願的美好事物，唯一的原因便是你的抗拒。**

疾病和抗拒有關。

困惑和抗拒有關。

貧窮和抗拒有關。

悲傷和抗拒有關。

車禍和抗拒有關。

不好的事情會存在，只因爲你抗拒與生俱來的幸福。

## 「不想要的事物」沒有源頭

走進一個房間，你不會尋找黑暗的開關，因爲你知道按下開關後黑暗不會湧進房間遮住光源。按著同樣的原則，疾病、壞事或邪惡也沒有源頭，只是長久下來抗拒天生幸福的結果。

不論什麼時刻，心中有什麼思維或想到什麼樣的主題，你都要尋找抒解的感受，如此一來就會更接近幸福的源頭。關心你的感受，把注意力放在能讓你的感受不斷提升的事物上（只看到最好的，看不到最壞的），隨順的程度就提高了，抗拒跟著降低，周遭的情況和生活的體驗也會立刻反映出這些變化。抒解表示釋放了抗拒，朝著隨順前進。有效使用情緒引導系統，就會看到成果。

# 二十三、平衡能量，喜悅創造

你周圍的多樣化（或對比）非常珍貴，因爲從對比中才會產生出你個人的喜好和願望。你是創造者，透過專注意念的力量進行創造。在活著的每一分每一秒，在所有的生活體驗中，生活的多樣化會激發願望不斷發射，不斷改善之前的願望。因此，專注意念所產生的願望一定會源源流出。

宇宙的擴展就仰賴這個過程：對比帶來願望，然後透過吸引力法則，本源能量回應了願望。換句話說，有求必應。

很多人認爲，他們一直在求，卻總是得不到想要的東西。我們的解釋是，不論何時，不論是誰，不論出發點是什麼，只要提出要求，就一定能夠得到應允。但我們所謂的願望並非嘴巴說說就算，而是在探索對比時自然散發出去的振動。你的願望源源不斷；專注在對比的環境，願望會很自然的產生，這一點非常重要。

爲什麼願望無法實現？只有一個理由：因爲你的振動和你的願望相去甚遠。願望的振動頻率和內心最主要的振動頻率一定要達到平衡。

## 範例：平衡願望和信念的振動頻率

以下將舉一些例子，說明如何利用你的情緒引導系統，從有形環境的對比中獲益，同時能夠自主改善願望和信念之間的振動關係。**這些例子也教你如何專注於平衡能量，達成喜悅創造的目的：**

■**目前的對比情況**：首先我們會描述常見的現狀（請注意當中所隱含的信念）。

■**產生的願望**：接下來我們會列出透過對比所產生的願望（經由對比你會更清楚自己想要什麼）。

■**產生的情緒（也就是振動失調的指標）**：然後我們會指出目前的振動（信念）所帶來的情緒。

■**專注改善願望和信念之間的振動關係**：我們會提供一連串的陳述，幫助你調整當前

（信念）的振動。在閱讀的過程中，感受一下願望和信念的振動關係改善了。抒解的感覺表示釋放了抗拒，拉近了願望和信念的振動關係。也就是說，感覺愈快樂，你的能量愈平衡。當然你也可以說：「能量愈平衡，我就感覺愈快樂。」

■**結果：**最後我們會指出願望和信念的振動關係確實改善了，令你更快樂的情緒就是證據。

沒有什麼比明白以下這點更重要了：一旦你懂得用自己的力量讓信念的振動更加符合願望的振動，你就能自主創造出你的體驗，再也沒有無法達成的目標。

**別忘了，如果目前的生活有足夠的資源讓你產生出特定的願望，一定也有足夠的資源讓你的願望實現。**

# 二十四、我的身體

■**對比的體重情況**：我超重二十幾公斤。我試了好多減肥法，短期內感覺都有點效，體重減輕了……但接著我又胖回來，比以前更胖。衣服穿不下，我覺得自己好醜，不知道該怎麼辦。

■**產生的願望**：我想要找到減重的方法。我想要維持讓我感到自在的體重。我想要覺得體態輕盈，看起來很不錯。

■**產生的情緒（振動失調的指標）**：我覺得很洩氣。我覺得很氣餒。（願望跟信念顯然有很大的振動差異。）

■**專注改善願望和信念之間的振動關係**：

・我確實減輕過體重。

・有些減肥方法眞的有效。
・下定決心後，通常可以看到成果。
・我一度比現在還胖，所以現在還不算太糟。
・還是有幾件衣服我穿起來很好看，我特別喜歡那件灰色的新外套。
■**結果**：振動關係改善了。

■**對比的健康情況**：收到醫療診斷結果，我嚇了一跳。由於爸媽皆爲同樣的問題所苦，我怕自己也逃不掉，我聽說有好幾個家族成員也因爲同樣的疾病去世。
■**產生的願望**：我想要變得更健康。
■**產生的情緒（振動失調的指標）**：我覺得很害怕。（願望跟信念顯然有很大的振動差異。）
■**專注改善願望和信念之間的振動關係**：
・診斷結果不等於宣告死刑。
・確實有人活了下來。

・即便是同樣的疾病，但病情輕重不一，有些人的病況很輕微。
・我不覺得有什麼地方不舒服，其實我覺得精力充沛。
・生病後我復原的速度通常很快。

■**結果**：振動關係改善了。

♀

■**對比的疲勞情況**：我覺得有氣無力，總是疲憊不堪。要撐過一整天好難，該做的事老做不完，但我累死了，對什麼都提不起勁。我覺得快要被壓垮了。

■**產生的願望**：我想要更有活力。我想要良好的感受。

■**產生的情緒（振動失調的指標）**：我覺得被壓垮了。（願望跟信念顯然有很大的振動差異。）

■**專注改善願望和信念之間的振動關係**：

・我一向都能做好該做的事。
・下定決心認真執行，就能把該做的事情做好。
・我有時候的確會覺得比較累，但有時候又比平常更有活力。

■**結果**：振動關係改善了。

♀

■**對比的體能退化情況**：我擔心自己的身體愈來愈差。我本來活力十足，現在卻有氣無力的，連我喜歡的事情都沒有精神做。我覺得這裡痛、那裡痛的，走路的時候膝蓋也會痛，我再也不敢去跑步了。我很怕我的身體會垮掉。我很擔心。

■**產生的願望**：我想要健康的身體。我希望每天都能感覺很有活力。

■**產生的情緒（振動失調的指標）**：我覺得很擔心。（願望跟信念顯然有很大的振動差異。）

■**專注改善願望和信念之間的振動關係**：

・從小到大我一向還算健康。

・就算比較年輕的時候，身體偶爾也會覺得僵硬。

・我記得高中時就曾經覺得肌肉痠痛。

■**結果**：振動關係改善了。

# 二十五、我的家

■**對比的居家空間情況**：我家亂糟糟的。地方很小，收納空間又少，很多東西沒地方放。就算我再怎麼努力整理，想讓家裡井井有條，結果總是更糟糕。我覺得很沮喪。我不知道該怎麼辦。

■**產生的願望**：我希望居家環境更有條理。我希望我家看起來更乾淨。我希望能找到我想要的東西。

■**產生的情緒（振動失調的指標）**：我覺得很沮喪。我不知道該怎麼辦。（願望跟信念顯然有很大的振動差異。）

■**專注改善願望和信念之間的振動關係**：

・以前我也曾把家裡整理得很乾淨。

‧我住過更小的房子。

‧家裡其實有很多不必要的東西，我可以丟掉一些東西，就能騰出空間。

‧我不需要一次就把家裡整理得很整潔。

■**結果**：振動關係改善了。

♀

■**對比的屋況惡化問題**：我住在這裡很久了，我厭倦了。這個地方再也無法滿足我們的需求，但我們沒錢搬到其他更好的房子。我甚至會找理由待在外面，因為回到家的感覺很不舒服。我覺得很沮喪。我覺得很生氣。我很絕望。

■**產生的願望**：我想要更大更好的房子。我希望自己能喜歡待在家裡。我想要更多錢，才能買更好的房子。

■**產生的情緒（振動失調的指標）**：我覺得很沮喪。我覺得很生氣。我很絕望。（願望跟信念顯然有很大的振動差異。）

■**專注改善願望和信念之間的振動關係**：

‧我在屋裡收藏了不少心愛的物品。

・剛搬進來的時候，我覺得很開心。
・我們買得起這棟房子。
・稍做改造或許會很不一樣，改造後這棟房子的價值也會提高。

■**結果**：振動關係改善了。

♀

■**對比的鄰居問題**：我本來很喜歡我們這一區，但隔壁搬來了一家人，簡直就是一場災難。他們家的狗老是跑到我家院子裡大小便。他們在外面車道上停了三、四台爛車，也不開進車庫，有人來訪時我覺得好丟臉。我想要指責他們。我覺得很難受。我很生氣。

■**產生的願望**：我想要住在良好的社區。我希望有更多貼心的鄰居。

■**產生的情緒（振動失調的指標）**：我想要指責他們。我覺得很難受。我很生氣。

（願望跟信念顯然有很大的振動差異。）

■**專注改善願望和信念之間的振動關係**：

・訪客並沒有對鄰居指指點點。
・以前住在這裡的鄰居很愛整潔。

·現在的鄰居或許很快就會搬走了。
·他們家的小女兒挺可愛的。
·我的後院很隱密，所以我喜歡待在那裡。

■**結果**：振動關係改善了。

♀

■**對比的居家維護情況**：要讓家裡的東西全部堪用，得花上一大筆錢。這棟房子本來就造得不好，屋齡十年了，東西一樣一樣壞掉。每次轉過身，就會發現又有東西要修。我覺得很沮喪。我不知道該怎麼辦。我很洩氣。我覺得好失望。

■**產生的願望**：我希望家裡的東西都運作正常。我想要新房子。

■**產生的情緒（振動失調的指標）**：我覺得很沮喪。我不知道該怎麼辦。我很洩氣。我覺得好失望。（願望跟信念顯然有很大的振動差異。）

■**專注改善願望和信念之間的振動關係**：
·我相信一切都在我掌控之中。
·我的確很在意居家用品的品質。

・想要便利的生活，當然就必須付出維護的代價。
・我很感激家裡有許多讓生活更便利的器具。
・我們一家人住在這裡很開心。

■**結果**：振動關係改善了。

# 二十六、我的人際關係

**■對比的兩代關係**：我女兒已經成年了，卻老愛對我發脾氣。不論我花多少時間陪她，她永遠不滿足。她總是抱怨我不肯多花一點時間在她身上！我很忙，眞的沒時間，但相處的時候她的態度又讓我很不高興。我覺得很內疚。我很生氣。我覺得好失望。

**■產生的願望**：我希望能跟女兒好好相處。我希望女兒喜歡和我共處的時光。我希望女兒覺得快樂。

**■產生的情緒（振動失調的指標）**：我覺得很內疚。我很生氣。我覺得好失望。（願望跟信念顯然有很大的振動差異。）

**■專注改善願望和信念之間的振動關係**：

·我們的關係會不斷變化。

・我們都有情緒高低起落的時候，總會找回快樂的情緒。
・她的個性很不錯。
・她的男友人很好。
・她很在乎我們相處的時間，讓我覺得很欣慰。

■**結果**：振動關係改善了。

♆

■**對比的孤單情況**：我朋友不多。真的，我連一個親密好友都沒有，孤單過日子一點也不好玩。以前我交過一些朋友，但都不算知己。感覺那些人只想看看能從我身上得到什麼好處，卻不曾給我同等的回報。我覺得很灰心。我覺得很孤單。

■**產生的願望**：我想要幾個很好的朋友。我想要有來有往的知心好友。

■**產生的情緒（振動失調的指標）**：我覺得很灰心。我覺得很孤單。（願望跟信念顯然有很大的振動差異。）

■**專注改善願望和信念之間的振動關係**：

・我一向很獨立。

·我不太喜歡被需要或需要別人的感覺。
·我很享受具啓發性的對話。
·我喜歡有趣的東西，能有人陪著一同歡笑當然很棒。

■**結果**：振動關係改善了。

♀

■**對比的婚姻狀況**：我還是很愛我老婆，但我倆的婚姻關係早就不如從前。剛結婚的時候，我每天都迫不及待要下班，只爲了回家見到她。現在呢，老實說，我有點怕回到家。她老是喋喋不休抱怨大小瑣事，只要不如她的意，就會怪到我頭上來。我不想離婚，但這段婚姻已經毫無幸福可言。我覺得很沮喪。我很自責。我心中充滿懊惱。

■**產生的願望**：我希望自己不要視回家爲畏途。我希望能快快樂樂跟老婆在一起。我希望我們能重浴愛河。我希望老婆能好好愛我。我希望老婆能快樂起來。

■**產生的情緒（振動失調的指標）**：我覺得很沮喪。我很自責。我心中充滿懊惱。

（願望跟信念顯然有很大的振動差異。）

■**專注改善願望和信念之間的振動關係**：

・我記得跟老婆初次見面的經過。
・我老婆做事一向很有效率。
・家裡保持井井有條，對我來說很重要。
・我老婆把家裡整理得有條不紊，讓我們不用浪費時間在無謂的小事上。
・我老婆有自己的工作，仍把家裡打理得很好。
・我老婆眞的很不錯。

■**結果**：振動關係改善了。

■**對比的父母干涉情況**：我離家十多年了，但我媽還是認爲她得告訴我該做什麼，所以我一直避著她，因爲我不喜歡別人指使我。結果她很生氣，情況反而更糟糕了。我們碰面的時候，她對待我的方式就像我是個生活白痴。我想要糾正她。我覺得很生氣。

■**產生的願望**：我希望我媽能放棄堅持，讓我用自己的方法過生活。我希望她能變得更好相處。我希望她能明白我已經獨立了，可以自己做決定。

■**產生的情緒（振動失調的指標）**：我想要糾正她。我覺得很生氣。（願望跟信念顯然有很大的振動差異。）

■**專注改善願望和信念之間的振動關係：**

・懂得教導小孩的父母值得稱許。
・習慣養成後，一定很難改變。
・我知道媽媽希望我能過得好。
・聽不聽她的建議取決於我。
・有時候她的建議其實也有幫助。
・媽媽的意見確實是出於一片好心。

■**結果**：振動關係改善了。

# 二十七、我的工作

■**對比的同事情況**：跟我同一個辦公室的人實在很難相處。她總是批評東、批評西的，一直講個沒完。她不喜歡她的工作，而當我想要好好工作時，她又老愛插手。我希望她辭職或被公司給開除。生命短暫，我可不想把寶貴的時間浪費在她身上。我覺得很悶。我想發火。我好生氣。

■**產生的願望**：我希望我的同事都很好相處。我希望工作的時候能有良好的感覺。

■**產生的情緒（振動失調的指標）**：我覺得很悶。我想發火。我好生氣。（願望跟信念顯然有很大的振動差異。）

■**專注改善願望和信念之間的振動關係**：

・我知道工作時如何集中精神。

・因爲我很專心，所以能做好很多事情。
・我不清楚她究竟有什麼困擾。
・她笑起來還滿甜美的。
・我想她應該也希望上班的時候能有更好的心情。

■**結果**：振動關係改善了。

♀

■**對比的工作情況**：跟其他的工作比起來，我的薪水還算不錯，但我很不想上班。我已經做同樣的工作很久了，覺得興趣缺缺。除非我犯錯，不然沒有人會注意我做什麼。每一天都感覺好漫長……然後隔天仍然得進辦公室做同樣的事情。我覺得很無聊。我覺得很悲觀。

■**產生的願望**：我希望能在工作中感到興奮，得到鼓舞。我希望上班是一件很開心的事。我希望對工作充滿熱情。

■**產生的情緒（振動失調的指標）**：我覺得很無聊。我覺得很悲觀。（願望跟信念顯然有很大的振動差異。）

**■專注改善願望和信念之間的振動關係：**

・我樂在投入工作。

・有的工作對我來說比較有樂趣。

・有時候我會把工作當成好玩的遊戲。

・我很喜歡動腦筋想想如何加強工作效率。

・我想我應該要把這個作法運用到更多的事情上。

・我想找出能提高個人價值的方法，我希望我能覺得自己充滿價值。

**■結果：**振動關係改善了。

♀

**■對比的演藝事業：**我從小就想當演員。我上過一些課，我知道自己的演技不錯。我接到了一些零星的工作，但沒什麼大角色，也不是我眞正想要的。很難。一個演出機會總有好多人競爭，我很絕望。或許我該放棄演員夢，找份眞正的工作。我覺得很失望。我好沮喪。

**■產生的願望：**我想要得到一些很棒的角色。我希望大家能發現我的演技。我希望機會能源源不斷降臨。

■**產生的情緒（振動失調的指標）**：我覺得很失望。我好沮喪。（願望跟信念顯然有很大的振動差異。）

■**專注改善願望和信念之間的振動關係**：

・我得到了一些演出機會，我正在累積經驗。

・我漸漸明白自己想要什麼樣的工作。

・我確實有機會遇見不少很有意思的人。

・我已經努力很久了。

・有幾次試鏡的過程還不錯。

・試鏡中表現不錯，總能讓我心情很好。

■**結果**：振動關係改善了。

♀

■**對比的富足情況**：我丈夫跟我都工作了好多年，也存了一點錢——不多，但足夠一年的生活開支。我們想自己做生意，已經有不錯的想法了，也有一個朋友願意提供足夠的資金。但到現在過了兩年，我們仍然靠積蓄過活，存款數字快速下降。我好擔心。我覺得很洩氣。

■**產生的願望**：我希望我們的生意能有更多利潤。我希望能賺很多錢。我希望我們能靠自己的事業過著美好的生活。

■**產生的情緒（振動失調的指標）**：我好擔心。我覺得很洩氣。（願望跟信念顯然有很大的振動差異。）

■**專注改善願望和信念之間的振動關係**：

- 我很高興我們能有自己的事業。
- 我很感激朋友相信我們的願景。
- 現在賺的錢已經比創業初期多了。
- 堅持下去就會更明白該怎麼往前走。
- 目前的客戶確實很看重我們，我也很重視目前的客戶。

■**結果**：振動關係改善了。

# 二十八、我的錢

**■對比的財務問題**：我的財務狀況一直不怎麼樣。沒預料到的事情不斷發生，我賺的錢都花光光了，卡債也不少，所以我其實是入不敷出。我試過編列支出預算，但什麼都需要錢。我妻子也有工作，可以幫一點忙，但孩子愈來愈大了，花費也愈來愈高。我很擔心。我覺得很洩氣。

**■產生的願望**：我希望能有足夠的金錢來滿足願望和需求。我希望能還清債務。我希望能讓家人過得舒舒服服。

**■產生的情緒（振動失調的指標）**：我很擔心。我覺得很洩氣。（願望跟信念顯然有很大的振動差異。）

**■專注改善願望和信念之間的振動關係**：

- 我們其實過得還不錯，該有的都有了，想不出還需要什麼。
- 我們過得比上一輩的人好多了。
- 孩子們很少抱怨他們缺什麼東西。
- 我們的孩子對人生充滿熱情。
- 能有這樣的孩子，做父母的覺得很有成就感。

■**結果**：振動關係改善了。

♀

■**對比的車輛故障情況**：畢業後我就開始工作和存錢，總算存了足夠的錢可以支付一大筆車子的頭期款。我找到一輛看起來很不錯的車子，也付了一大半的錢，所以分期款項很低。但車子開不到兩個月就故障不斷，我只好借錢修車。車款和修車的錢加起來，已經足夠買一台新車了。我很自責。我好難過。我好生氣。

■**產生的願望**：我想要新車。我希望能買到值得的好商品。

■**產生的情緒（振動失調的指標）**：我很自責。我好難過。我好生氣。（願望跟信念顯然有很大的振動差異。）

**■專注改善願望和信念之間的振動關係：**

・修車廠能把我的車修好，車子不會一直出狀況的。

・我很高興還有辦法支付修車費用。

・我記得第一次看到這輛車時有多興奮，現在它看起來跟那時候差不了多少。

・我很喜歡開這輛車。

・現階段這輛車對我來說是很好的選擇。

**■結果：**振動關係改善了。

♀

**■對比的財務保障情況：**我跟我先生工作了一輩子。我們對錢一直很謹慎，因爲我們知道總有一天要退休，所以存了一筆養老金。我們的兒子是股票交易員，他建議我們把錢交給他投資，才能存到足夠的退休金。於是我們把錢交給他了，結果現在一毛不剩，這輩子的辛苦全部煙消雲散。我眞不知道我們能不能退休。我覺得很擔心。我好沮喪。我怪罪自己。我很生氣。我覺得沒有保障。我好害怕。

**■產生的願望：**我希望能有財務保障。我希望有一天能夠安心退休。我希望我能繼續信任我兒子。

■**產生的情緒（振動失調的指標）**：我覺得很擔心。我好沮喪。我怪罪自己。我很生氣。我覺得沒有保障。我好害怕。（願望跟信念顯然有很大的振動差異。）

■**專注改善願望和信念之間的振動關係**：

・我很疼愛兒子，我相信他也是一片好意。
・我們並沒有計畫馬上就要退休。
・我確實很享受工作帶給我的鼓舞，起碼現在還是這種感覺。
・我們的生活中有很多不錯的層面。
・對於未來的計畫還是可以繼續進行。

■**結果**：振動關係改善了。

♀

■**對比的債務問題**：我收到好幾家銀行的信用卡核發通知，只要打個電話開卡，馬上就可以使用。我買了一些必需品，結果把第一張卡的額度都用完了，於是我開始刷第二張卡、第三張卡。現在我債台高築，連最低應繳帳款都付不出來。我很擔心。我咒罵自己。

我很難過。我覺得不安。我好害怕。

■**產生的願望**：我想要有更多錢，可以把帳單付清。我想要清掉債務。我想要有足夠的錢去買我想要和需要的東西。

■**產生的情緒（振動失調的指標）**：我很擔心。我咒罵自己。我很難過。我覺得不安。我好害怕。（願望跟信念顯然有很大的振動差異。）

■**專注改善願望和信念之間的振動關係**：

・信用卡發卡銀行信任我。

・我一向自豪能信守承諾。

・購買需要的東西時，我確實覺得很開心。

・有了這些東西，我的生活更舒適了。

■**結果**：振動關係改善了。

# 二十九、我的世界

**■對比的衝突和饑荒情況**：整個世界亂七八糟。好多戰爭，好多衝突，好多人在受苦……我不懂爲什麼我們擁有先進的科技和豐富的資源，卻還是有這麼多人在餓肚子。我們應該早就能找出更好的方法了。我覺得很沮喪。我想要指責別人。我很生氣。

**■產生的願望**：我希望大家都有足夠的食物。我希望世界上所有人都能和平共處。

**■產生的情緒（振動失調的指標）**：我覺得很沮喪。我想要指責別人。我很生氣。

（願望跟信念顯然有很大的振動差異。）

**■專注改善願望和信念之間的振動關係**：

・我周圍的人事物大多還算和諧。

・生活圈裡我很少看到吃不飽或受苦的人。

・世界上的幸福比不幸多。
・或許這個世界就是避免不了衝突。
・世界各地的生活水準絕對都改善了。
・對大多數人來說，生活一直在進步。

■**結果**：振動關係改善了。

♀

■**對比的全球情勢**：地球似乎很不穩定。好多地震、土石流、海嘯和颶風，造成大量毀滅。我不想讓家人出門，害怕會發生什麼壞事，彼此就再也見不了面，或者還有什麼更糟糕的結果。我很擔心。我覺得沒有保障。我好不安。

■**產生的願望**：我希望家人平安無事。我希望大家都能快樂終老。

■**產生的情緒（振動失調的指標）**：我很擔心。我覺得沒有保障。我好不安。（願望跟信念顯然有很大的振動差異。）

■**專注改善願望和信念之間的振動關係**：

・隨時隨地都有可能發生天災。

・即便是在受災區，生還者的人數通常比死者多。
・通常居民會收到足夠的警示好提早疏散，保護自身安全。
・我們住在變動不居的地球上，變動無法避免。
・我不用擔心跟我毫無關係的問題。

■**結果**：振動關係改善了。

♀

■**對比的旅遊冒險**：我覺得被困住了，我似乎只能探索世界的一小塊，了解的事物也僅限於這裡。我想去好多地方看看，但我沒辦法請長假去旅行，也難以停留夠久的時間去深入了解某個地方。我覺得我錯過了好多。我好無聊。我覺得好沮喪。

■**產生的願望**：我想要探索世界。我想要有更寬廣的體驗。

■**產生的情緒（振動失調的指標）**：我好無聊。我覺得好沮喪。（願望跟信念顯然有很大的振動差異。）

■**專注改善願望和信念之間的振動關係**：

・我還有很多時間可以規畫旅行。

・先收集世界各地的資訊或許是個好主意。
・我想先把我最想去的地方列出來。
・去某些地方旅遊的價錢比較便宜。
・列出一長串有趣的景點很好玩。
・一一征服想去的地方想必很有趣。

■**結果**：振動關係改善了。

♀

■**對比的環境問題**：我很擔心地球快要被人類毀滅了。空氣愈來愈髒。水也有毒不能喝。死掉的魚愈來愈多。冰帽融化變小。都是別人的錯。我很生氣。我覺得沒有保障。我好害怕。

■**產生的願望**：我希望我們的環境很健康安全。爲了後代子孫，我希望地球的生命能夠延續下去。

■**產生的情緒（振動失調的指標）**：都是別人的錯。我很生氣。我覺得沒有保障。我好害怕。（願望跟信念顯然有很大的振動差異。）

■**專注改善願望和信念之間的振動關係：**

．透過新科技來過濾水源，我們就可以安心飲水了。
．尚未受到汙染的水源比例很高。
．我們常忘記氣候模式的循環。
．雖然有些地方遭到汙染，但依然存在乾淨的地方。
．我還能呼吸，還能喝水，沒有受到影響。
．我對很多問題的擔心或許只是杞人憂天。

■**結果**：振動關係改善了。

# 三十、我的政府

■**對比的政府情況**：政府官僚缺乏效率，讓我覺得很厭煩。政府的規定好多，還僱用了一堆根本不需要的人……只爲了塡寫無用的制式表格。打電話給政府機構，甚至找不到人回答問題。爲了搞清楚該怎麼做，我浪費了好多時間，要是一開始就有人告訴我不就好了嗎？我們需要更好的官僚系統。我覺得很氣餒。我不知道該怎麼辦。我想找人出氣。

■**產生的願望**：我想要有效率的政府。我希望政府對人民的要求能夠更快回應。

■**產生的情緒（振動失調的指標）**：我覺得很氣餒。我不知道該怎麼辦。我想找人出氣。（願望跟信念顯然有很大的振動差異。）

■**專注改善願望和信念之間的振動關係**：

・我總能搞懂自己該做什麼。

・我能夠隨機應變。
・牽涉的人這麼多，很難組織完善。
・所有大型機構都應該加強人員的溝通技巧。
・政府確實有其用處和優勢。

■**結果**：振動關係改善了。

♀

■**對比的政府財政赤字**：我們的政府缺乏效率，什麼都做不好，需要錢便向人民徵稅。政府用錢的態度很不負責任，簡直可說是愚蠢，然後官員們還抱怨沒有錢實現重要措施。眞是亂七八糟。我不知道誰可以解決問題。我覺得很失望。都是他們的錯。我很生氣。

■**產生的願望**：我希望我繳的稅能夠有效運用在適當的事物上。

■**產生的情緒（振動失調的指標）**：我覺得很失望。都是他們的錯。我很生氣。（願望跟信念顯然有很大的振動差異。）

■**專注改善願望和信念之間的振動關係**：

・我不明白政府的運作模式。
・我不知道該怎麼處理好幾兆的稅收。
・政府確實有其功能。
・如果政府消失了，我們會希望它恢復的。
・政府確實能保持社會穩定，這就是它的價值。

**結果**：振動關係改善了。

♀

**對比的國族驕傲**：小時候我對自己的國家非常狂熱。聽到愛國歌曲，我就興奮不已，我也很喜歡聽建國時期和國家發展的故事。但現在我的愛國心消失了，我覺得我知道太多了，政府做的事都讓我搖頭。我覺得很失望。我想指責別人。我很生氣。

**產生的願望**：我想要以我的國家為榮。

**產生的情緒（振動失調的指標）**：我覺得很失望。我想指責別人。我很生氣。（願望跟信念顯然有很大的振動差異。）

**專注改善願望和信念之間的振動關係**：

・我的看法可能帶有偏見。

・我並不想接管政府的工作；我也不認識那些歷史上的領袖人物。

・我不確定現在的情況比以前糟。

■**結果**：振動關係改善了。

■**對比的公民自由**：我覺得個人自由正在快速消失。我們的政府似乎瘋了，表面上說是爲了「公眾利益」著想，私底下卻以暴力的策略來解決問題。有人考慮過我的利益嗎？有人考慮過民眾的利益嗎？這些人瘋了。我知道這絕對不是開國元老們眞正的想法，我想他們的英魂現在無法安息了。我覺得很失望。我很生氣。我很不安。我很傷心。我覺得好無力。

■**產生的願望**：我希望當前的領導者能謹記前人的智慧。我想要保有自由的權利，這才是建國英雄的初衷。

■**產生的情緒（振動失調的指標）**：我覺得很失望。我很生氣。我很不安。我很傷心。我覺得好無力。（願望跟信念顯然有很大的振動差異。）

**■專注改善願望和信念之間的振動關係：**

．不論誰當選，我的生活其實都差不多。

．我的生活受到我自己的決定所影響，而不是政府的決定。

．四處旅行便能體驗到自由。

．政府不會干涉我個人的選擇。

．那些建國英雄們要是經歷當前世界發生的一切，或許他們所做的決定也和目前的領導者差不多。

**■結果：**振動關係改善了。

# 三十一、改善振動關係的重要性

當我們說你的實相由你創造，人們通常會表示，他們沒辦法身處在艱難的環境中，還能爲未來的體驗發出令人愉悅的振動。他們說，如果**當前**的體驗更令人愉快，就更容易創造出光明美好的未來。我們明白他們的想法，我們也同意在正面的情況下比較容易感到快樂。我們明白大家都希望之前的情況能更好一點，那麼現在的他們就會覺得更快樂，未來也會更充滿指望。

有些人回憶起從前不快樂的生活體驗，內心充滿憤恨，比方說小時候遭受的不公平待遇，甚或受虐。他們常常防衛心很強，也不認爲他們應該要放下這樣的感受。我們能理解爲何他們有負面的反應，但我們也要補充，即使他們有理由以負面的態度去回應他們的遭遇，但負面的情緒仍表示他們把自己關在無法實現願望的牢籠裡。

他們說這些話，只會讓自己更加困擾，因爲他們會感覺到不好的情緒，也長期處在這樣的情緒裡，所以我們說的話（即便充滿智慧）也無法勸服他們放下根深柢固的信念，他們就是認爲自己遭到不公平的對待。

## 自主創造還是默許一切發生？

許多有形的朋友聽到我們說你的實相由你創造時，都會攪動了深層的記憶。他們確實想創造自己的實相。隨著時間過去，很多人也同意，他們會發出振動，而且他們住在一個充滿振動的宇宙中。他們甚且也相信，每個人一出生就有情緒引導系統，幫助他們明白個人發出什麼樣的振動，不論何時都能引領他們知道自己所創造出來的事物是否能帶來愉悅的情緒。**但是大多數人即使察覺到自己的振動和情緒引導系統，仍無法自主控制他們的振動。這是因爲他們的振動多半回應了所看到的實相，而不是自己喜好的實相。**

已經變成眞實體驗的事物具有強大的說服力。你們稱之爲**實相**、**事實**、**實證**、**證據**。你們用文字記錄下來，還搭配圖片。你們稱之爲**歷史**……在這個過程中，不論是什麼，你們都忽略了其曇花一現的本質。就我們看來，你們讓實相在生活感知中占有太強的主導地位，由於你們把專注焦點放在目前的實相上，於是無法接收到更令人愉快的「當前」的體驗。

我們要你明白，「現在」其實只是你移往下一個階段的平台。生活其實就是要移動到下一個階段。我們要你回想起把專注焦點放在「創造自身實相的感受」上有多麼美妙，而不是把注意力集中在「正在創造的實相」。你能分辨兩者的差別嗎？

## 走上兩條平行的旅程

最近我們拜訪了一位女性，她正爲髖關節炎所苦。時時刻刻都覺得很不舒服，就是她目前的實相。

如果我們能幫她明白，疼痛只是暫時的狀態，她就可以立刻移向感覺更好的狀態。如果我們能讓她把注意力放在「正要移往的地方」，而不是眼前的「實相」……如果我們能讓她把注意力放在「感受」到「正在移往」令她感覺更好的地方，而不是看似已經無法改變的「實相」上——她的狀況就會立刻有所改善。

我們想幫她看到，她的體驗中有兩條並行的旅程：**行動的旅程**（也就是現實中疼痛不堪的髖關節）和**情緒的旅程**（她選擇要感受的情緒）。

根據目前的實相，也就是發動後續體驗的平台，她有以下的選擇：

──髖關節炎非常疼痛，她感到恐懼、憤怒、擔憂、自責和氣餒。

──髖關節炎非常疼痛，但她覺得充滿希望。

瞧，目前疼痛不堪的髖關節是她的行動旅程。它正在發生。它就是實相。那是她目前的情況。我們當然明白她爲什麼會把注意力放在這上面。但如果她能把注意力放在情緒旅程上，就算是一下下也好；如果她能接受髖關節現在就是這麼痛，然後把行動旅程暫時丟在一旁，選擇專注在情緒的旅程上，那麼她所產生的吸引力就改變了。如此一來，生理的狀況也會跟著改變。

**你不能一直發出讓你留在原地的振動，還冀望移到不同的地方去。你必須要改變專注的焦點，焦點改變了，振動也會跟著改變。**

# 三十二、行動旅程和情緒旅程

集中注意力，專心想著要把有形的身體從一個地方移到另外一個地方。或許你坐在車子裡，已經上了高速公路，正要前往另一座城市；或者你正在林間健行，背著裝滿食物跟補給品的背包。無論如何，你都清楚知道你要往哪裡去。你定下了目的地，懷抱著要從一個地方出發到達另一個地方的意念。我們稱之爲**行動的旅程**（採取實際行動的旅程）。

這趟眞實的旅程可以用眞實的字眼來描述：你可以測量你要移動的距離。你可以描述當時的天氣。你可以估計大概什麼時候會到達，而且結果還滿準確的。

你開始了一趟行動旅程，這趟旅程有不少直截了當、容易明白、可以量化的面向。

現在我們要你把注意力放到旅程的另一個層面。這個層面才能決定在你未來的生活體驗中，會出現什麼樣的事物。你的旅程不只是從一個地點移動到另一個地點這段期間所發生的枯燥無味的實況。重點在於你在這趟旅程中的感受。我們把體驗的這個面向，叫作**情緒的旅程**。

我們要你明白，你絕對不會只經歷一段旅程。不論什麼時刻，你都會體驗到兩條平行的旅程：行動的旅程（你對於時間和空間的知覺，以及已經展現出來的事物）和情緒的旅程（你對重要時刻的振動反應，塑造出未來的所有體驗）。

行動的旅程和情緒的旅程可能的結合方式無窮無盡，我們會提供一些範例。我們要大家知道，旅程中最重要的就是情緒層面，如果你能察覺到自己的感受，也能用自己的力量影響這些感受，如此一來你便能控制未來會進入你生活體驗的事物。這就是我們所謂的**自主創造**。

另一方面，如果你把大部分的注意力放在行動的旅程上，觀察及回應正出現在你體驗中的事物，只對發生的事情做出回應，讓你的感受循著觀察到的事物前進，而不去想辦法引導你的感受……那麼你就無法有意識的控制你的生活體驗。我們稱之為**不自主創造**。

# 三十三、運用正向記事本

不論你把注意力放在什麼東西上，都會啓動內在的振動。當你專注於某件事物，感覺愈好，表示聚焦的事物對你愈有益。每當你專注尋找事物正面的地方，就能啓動對你有益的振動。既然如此，你不需要尋找最理想的振動，只要尋找事物正面的地方，就能自動走上正確的方向。

有時候要是某項事物令你困擾，就很難找出它正面的地方（就連少少幾個也列不出來）。但只要你下定決心要找出正面的地方，通常就能找到。一旦找到了，內心發出相應的振動，你就會看到愈來愈多好的地方，專注在這些好的部分短短十五到二十分鐘，關於該事物的振動就會大幅改變。

過程非常簡單：找一本好用的筆記本，在封面寫下「我的正向記事本」。打開第一頁，寫下：________的正向思維，然後寫下要改變振動關係的主題。接著針對該主題，列出正面的地方。

順其自然，不要強迫自己，把想到的東西寫下來。隨著思緒流動不斷的寫，然後讀出你寫下的東西，欣賞自己的文字。最好把注意力放在你的感受，問問自己：「我爲什麼喜歡它？它有什麼優點？」

**情緒引導量尺的範圍若能限制如下，這個作法的效果會最好：**

一、喜悅／知識／活力／自由／愛／感激
二、熱情
三、熱切／渴望／快樂
四、正面的期望／信念
五、樂觀
六、滿懷希望
七、滿足
八、厭倦
九、悲觀
十、挫折／惱怒／不耐煩

如果你感受到更糟糕的情緒，表示透過其他的過程或許更能幫助你改善振動關係。但我們也注意到，只要擁有專注的意念，不論面對什麼主題，都能改善感受；感受改善了，體驗也會跟著改善。吸引力法則保證如此！

下面舉出一些例子，說明正向思維如何幫助你釋放抗拒，改善眼前情況和你的願望兩者之間的振動關係：

**■屋況惡化的情況**：我住在這裡很久了，我厭倦了。這個地方再也無法滿足我們的需求，但我們沒錢搬到其他更好的房子。我甚至會找理由待在外面，因爲回到家的感覺很不舒服。我覺得很沮喪。我覺得很生氣。我很絕望。

**■關於目前住家的正向思維**：

・我的東西一直擺在同樣的地方，我知道東西放在哪裡。
・熟悉的地方會帶給人安全感。
・把這個家修繕得更完善，我就有閒暇的時間做自己想做的事情。
・繼續住在這裡比較不會跟親朋好友失聯。
・我們跟郵差和其他提供服務的人認識很久了，關係也不錯。
・看著前庭的花園日漸成熟還挺有趣的。這些大樹小樹就像我們的老朋友。

**■同事的情況**：跟我同一個辦公室的人實在很難相處。她總是批評東、批評西的，一直講個沒完。她不喜歡她的工作，而當我想要好好工作時，她又老愛插手。我希望她辭職或被公司開除。生命短暫，我可不想把寶貴的時間浪費在她身上。我覺得很悶。我想發火。我好生氣。

**■關於同事的正向思維**：

- 我很高興我有一份工作。
- 我很高興能定期領到薪水。
- 有了工作，財務狀況也能保持穩定。
- 一起工作的同事中有不少人我都很欣賞。
- 我的工作需要集中注意力。我喜歡充滿生產力的感覺。
- 那位同事的桌面很整潔。
- 她總是打扮的很得體。
- 她的笑容甜美。
- 她在這個領域的資歷很不錯。

・她學習的速度很快。

♀

■**政府的情況**：政府官僚缺乏效率，讓我覺得很厭煩。政府的規定好多，還僱用了一堆根本不需要的人……只為了填寫無用的制式表格。打電話給政府機構，甚至找不到人回答問題。為了搞清楚該怎麼做，我浪費了好多時間，要是一開始就有人告訴我不就好了嗎？我們需要更好的官僚系統。我覺得很氣餒。我不知道該怎麼辦。我想找人出氣。

■**關於政府的正向思維**：

・還好政府願意處理我無心面對的事情。
・我們的政府僱用了很多人，促進經濟成展。
・我們的政府和立法者提供了穩定的發展平台。
・政府僱用了有才幹的專家。
・內閣官員每隔一陣子就會換人。

當你閱讀以上的例子，或當你在處理眞實生活的問題時，關於誰對誰錯、公不公平和是真是假，很容易陷入意識型態之爭。很多你不想要的事物是真實存在的，是某人在某地創造出你不想要的體驗；還有你過去曾體驗過的事物，雖然它們真的發生了，你卻希望它們不曾存在。

如果你真的很關切某個問題，也願意花一點時間把它寫在你的正向記事本上，你一定不會再浪費那麼多時間和精力，跟別人辯論真相到底是什麼；你也能夠改善願望和信念之間的振動關係。鍛鍊正向思維，立刻就能發出更好的振動……享受更好的感覺，讚美自己能夠改善振動關係，好好度過這一天，不久之後，你一定能親眼見證你的願望實現。

# 三十四、運用分段定向法

定位你即將進入的時間區段的振動特色，就是所謂的**分段定向法**。也就是預先鋪設你的振動道路，讓未來的旅途更輕鬆有趣。把注意力從**當前**事物給你的感受上移開，更加專注於你希望事物能帶給你什麼樣的感受。這個方法非常有效，把重點放在情緒的旅程上，不去注意行動的旅程。

這個方法能幫你把專注焦點放在思維上。你能深入察覺目前有什麼樣的思維，也能藉由這個方法選擇你想要發出的思維。常常練習後，要進入新的區段時，你就能自然而然暫停一下，用自己的力量引導意念或願望。

只要意念轉變，就會進入新的區段：假設你正在洗碗，電話響了……你就進入新的區段。坐進自己的車子……你進入新的區段。另一個人走進房間……你進入新的區段。

如果你能在進入新的區段前，花點時間思索你對這個區段有什麼期望，你就能更明確的設定該區段的振動，而不是進入區段後才看著現狀。換句話說，分段定向法更著重於你的情緒旅程，而不是行動旅程。

專注意念，決定你要有什麼樣的感覺，以及這個區段該怎麼發展，這麼做對你非常有益。

**情緒引導量尺的範圍若能限制如下，這個作法的效果會最好：**

四、正面的期望／信念
五、樂觀
六、滿懷希望
七、滿足
八、厭倦
九、悲觀
十、挫折／惱怒／不耐煩
十一、不知所措

■**疲勞的情況**：我覺得有氣無力，總是疲憊不堪。要撐過一整天好難，該做的事老做不完，但我累死了，對什麼都提不起勁。我覺得快要被壓垮了。

■**找出新區段**：一天工作結束了。我去超市買了幾袋食物跟家用品。我把車子停在車道上，關上引擎，在下車取出剛買的東西前，我決定運用分段定向法。

■**新區段的內容**：把剛買的東西從車裡搬進屋裡，分門別類放好。

■**我對新區段的意念**：在這個區段中，我要感覺自己很有效率。我要覺得生產力十足。我要感覺井井有條。我希望我的身體很有活力。我要對生活無虞充滿感激，我對自己的廚房充滿感激。

♀

■**工作的情況**：跟其他的工作比起來，我的薪水還算不錯，但我很不想上班。我已經做同樣的工作很久了，覺得興趣缺缺。除非我犯錯，不然沒有人會注意我做什麼。每一天都感覺好漫長……然後隔天仍然得到辦公室做同樣的事情。我覺得很無聊。我覺得很悲觀。

■**找出新區段**：淋浴後穿好衣服，早餐也吃完了。我開車前往公司，剛把車停進車位。在走進辦公室前，我決定要在車子裡坐幾分鐘，演練分段定向法。

■**新區段的內容**：各部門同事都要參加長達一小時的員工會議。我們每週一早上都要開會。

■**我對新區段的意念**：我要準時到達。我要讓大家看到經過一個週末的休息，我已經恢復了元氣。我希望頭腦清楚，心情愉快。我很高興能看到來參加會議的同事。我希望我們的會議充滿效率。我希望我能快樂的走進會議室，我也希望別人看到我會覺得很開心。

或許你覺得分段定向法很簡單，似乎沒什麼價值，但專注運用這個方法，能讓失去焦點、一直體驗不到滿足的人生，轉化爲充滿動力和熱情的生活體驗。

分段定向法能改善目前的信念和願望之間的振動關係，因爲你的注意力會從現狀轉移到即將發射的事物上。多加練習後，你就懂得如何增加正面的期望。當負面情緒微不足道時，要對未來的體驗感到樂觀就不困難，你將不需要大幅改變你的振動。但是如果你感受到強烈的負面情緒，遠超出我們剛才的描述，就很難期望即將到來的區段充滿正面的能量，你也會把當下的負面感受帶進下一個區段。如果你發現自己陷入了這種情況，趕快停下來，不然對你沒好處，你只會把注意力放在不想要的東西上，讓這些東西有機會進入你未來的區段。

運用這個方法時，要保持愉悅的心情，也要充滿希望，專注引導宇宙的力量和相互影響的因素，讓它們照著你的意念運作，你就會覺得充滿力量和自信。**多加練習，分段定向法會讓你覺得自己像個出色的藝術家或創造者，完全能掌握成果、辨認所有細節、專注雕塑出個人生活體驗的大小事——因爲你的體驗完全由你創造。**

# 三十五、運用假設語氣法

大多數人都被訓練成要保持客觀，也就是說他們懂得比較事物的優缺點，但在考慮事物的兩面時，他們也啓動了矛盾的振動，造成停滯不前的抗拒，無法實現願望。你說：「我希望這件事能發生，但是它還沒有發生。」當你這麼說，你除了發動願望的振動，也發動了願望匱乏的振動，相互抵銷後，什麼變化也看不到。常見的情況是，就算你沒說「但是它還沒有發生」那一段，只說「我希望這件事能發生」，心中仍有未訴諸言語的振動繼續阻礙你的願望實現。

然而，當你說：「要是願望能實現該有多好？」你所發出的期望並未伴隨著那麼強烈的抗拒。願望和信念之間的振動關係就更加契合了。

**情緒引導量尺上的範圍若能限制如下，這個作法的效果會最好：**

四、正面的期望／信念
五、樂觀
六、滿懷希望
七、滿足
八、厭倦
九、悲觀
十、挫折／惱怒／不耐煩
十一、不知所措
十二、失望
十三、懷疑
十四、擔憂
十五、責怪
十六、沮喪

■**居家空間的情況**：我家亂糟糟的。地方很小，收納空間又少，很多東西沒地方放。就算我再怎麼努力整理，想讓家裡井井有條，結果總是更糟糕。我覺得很沮喪。我不知道該怎麼辦。

■**要是……該有多好**。

……我能找到方便拿取的地方來擺東西

……我能丟掉一些不需要的東西好騰出更多空間

……能在後院建造一個儲藏室

……老公可以把舊車賣掉好騰出車庫的空間

……我可以不時擠出一點時間來好好整理

……能找到眞的很有條理的人來幫我或鼓勵我

■**屋況惡化的情況**：我住在這裡很久了，我厭倦了。這個地方再也無法滿足我們的需求，但我們沒錢搬到其他更好的房子。我甚至會找理由待在外面，因爲回到家的感覺很不舒服。我覺得很沮喪。我覺得很生氣。我很絕望。

■**要是……該有多好**。

……我們能修好後院的露台

……我們能用便宜的價格買到新的家具

……我們能丟掉占據空間的廢物

……我們能找到很不錯的新家，而且也付得起價錢

……我們能在屋子後面擴建舒適的娛樂間

……我們能用漂亮的顏色重新粉刷屋子裡外

♀

■**鄰居的情況**：我本來很喜歡我們這一區，但隔壁搬來了一家人，簡直就是一場災難。他們家的狗老是跑到我家院子裡大小便。他們在外面車道上停了三、四台爛車，也不開進車庫，有人來訪時我覺得好丟臉。我想要指責他們。我覺得很難受。我很生氣。

■**要是……該有多好**。

……鄰居能搬去別的地方

……他們的愛犬能找到更好的方便處

……他們的狗能知道我內心在想什麼
……他們能把舊車都處理掉
……我看錯了，其實他們人很好
……我有很多工作要忙，沒時間注意到他們

**■居家維護情況**：要讓家裡的東西全部堪用，得花上一大筆錢。這棟房子本來就造得不好，屋齡十年了，東西一樣一樣壞掉。每次轉過身，就會發現又有東西要修。我覺得很沮喪。我不知道該怎麼辦。我很洩氣。我覺得好失望。

**■要是……該有多好**。
……我們能找到不錯的維修工人
……東西不要這麼常壞掉
……我們買的東西能用更久
……我們可以買更耐用的高品質產品
……我們可以放寬心，接受家用品就是要不斷汰舊換新

……我們的收入持續增加

♆

**■兩代關係**：我女兒已經成年了，卻老愛對我發脾氣。不論花多少時間陪她，她永遠不滿足。她總是抱怨我不肯多花一點時間在她身上！我很忙，真的沒時間，但相處的時候她的態度又讓我很不高興。我覺得很內疚。我很生氣。我覺得好失望。

**■要是……該有多好**。

……我們能撥一點時間好好相處
……我們每天都能聊聊天，分享彼此的生活
……我能夠更常看到她美好的笑容
……她的生活中充滿了她喜愛的事
……她覺得自己的生活很豐富、很值得、一切都很美好
……我們能讓彼此開心

♆

■**婚姻狀況**：我還是很愛我老婆，但我倆的婚姻關係早就不如從前。剛結婚的時候，我每天都迫不及待要下班，只為了回家見到她。現在呢，老實說，我有點怕回到家。她老是喋喋不休抱怨大小瑣事，只要不如她的意，就會怪到我頭上來。我不想離婚，但這段婚姻已經毫無幸福可言。我覺得很沮喪。我很自責。我心中充滿懊惱。

■**要是……該有多好**。

……我們能感受到第一次見面時的悸動

……我依然等不及要回家跟她在一起

……她能找到一些眞心喜愛的嗜好

……我們都能放鬆心情，讓生活更有樂趣

……她能放下干擾她的瑣事

……我們仍是彼此最好的朋友

♀

■**父母過度干涉的情況**：我離家十多年了，但我媽還是認爲她得告訴我該做什麼，所以我一直避著她，因爲我不喜歡別人指使我。結果她很生氣，情況反而更糟糕了。我們碰面的時候，她對待我的方式就像我是個生活白痴。我想要糾正她。我覺得很生氣。

■**要是……該有多好**。

……媽媽能找到更值得投入心力的嗜好

……媽媽的朋友能激發她展現不同的特質

……她能明白我其實是個很負責的人

……我不讓她干涉我的大小事

……我能夠更愛她

……我們能在心情愉悅的時候才碰面

■**債務的情況**：我收到好幾家銀行的信用卡核發通知，只要打個電話開卡，馬上就可以使用。我買了一些必需品，結果把第一張卡的額度都用完了，於是我開始刷第二張卡、第三張卡。現在我債台高築，連最低應繳帳款都付不出來。我很擔心。我咒罵自己。我很難過。我覺得不安。我好害怕。

■**要是……該有多好**。

……我沒有負債
……我每個月都能付清信用卡帳款
……我能申請利率更低的信用卡
……我能付清卡債，然後剪掉多餘的卡
……我能想辦法多賺點錢
……有什麼方法可以解決我的問題

■**衝突和饑荒的情況**：整個世界亂七八糟。好多戰爭，好多衝突，好多人在受苦……我不懂爲什麼我們擁有先進的科技和豐富的資源，卻還是有這麼多人在餓肚子。我們應該早就能找出更好的方法了。我覺得很沮喪。我想要指責別人。我很生氣。

■**要是……該有多好**。
……我們願意幫助別人
……眾人能感受到自己的力量
……我們繳的稅都能用在更有意義的地方

……人人都有足夠的食物
……大家都覺得很快樂
……我們能尊重彼此的差異

♀

**■政府的情況**：政府官僚缺乏效率，讓我覺得很厭煩。政府的規定好多，還僱用了一堆根本不需要的人……只爲了塡寫無用的制式表格。打電話給政府機構，甚至找不到人回答問題。爲了搞清楚該怎麼做，我浪費了好多時間，要是一開始就有人告訴我不就好了嗎？我們需要更好的官僚系統。我覺得很氣餒。我不知道該怎麼辦。我想找別人出氣。

**■要是……該有多好**。
……我們能規畫更有效率的官僚系統
……我能僱用專業人士來幫我處理
……隨著經驗累積，我能找出更好的方法
……新科技可以幫我們解決問題
……能發展出全新的方法來管理檔案

……解決之道馬上就出現了

♀

**■政府財政赤字的情況**：我們的政府缺乏效率，什麼都做不好，需要錢便向人民徵稅。政府用錢的態度很不負責任，簡直可說是愚蠢，然後官員們還抱怨沒有錢實現重要措施。眞是亂七八糟。我不知道誰可以解決問題。我覺得很失望。都是他們的錯。我很生氣。

**■要是……該有多好**。

……金融背景雄厚且有能力的人出任政府官員

……局勢持續朝著更好的方向改善

……我的錢多到我可以不在乎政府怎麼花我們的納稅錢

……我們的財務狀況愈來愈好

……大家都負起該負的責任

……我們可以找到有才幹的領袖來推動經濟改革

一天下來，你會碰到很多不同的情況，導致你發出各種不同的振動。有些事情讓你覺得很快樂，有些不怎麼樣，有些則讓你很難過。如果你願意把注意力放在讓你覺得更快樂的方向，假設語氣法基本上都可以幫助你改善你的感受。

開口說**要是……該有多好**，可以提醒你要改善振動，鼓勵你更加專注。開口說**要是……該有多好**，即使和主題相關的想法還沒完全出現，也能啟動正面的振動。

開車或排隊時，或者不需要專注在任何事情時，你可以玩玩這個遊戲，願望和信念的振動關係就會獲得改善——留在振動暫存區裡的願望也會開始出現在你的體驗中。

常常練習這個作法，就能慢慢改善當前的狀態和願望之間的振動關係。假設語氣法很好玩，能轉移注意力，效力更是令人吃驚。

# 三十六、運用一念好轉法

靜坐幾分鐘，把思維寫在紙上，便能發揮這個作法的最高效益。當你熟悉了這個程序，只要讓思維在心中流動，就能達成目的。不過寫在紙上能讓注意力更加集中，你會更容易感受到選擇的思維朝著哪個方向走。

首先，簡短寫下你現在對某個主題的感受。**你可以描述發生了什麼事，但重點在於描述你有什麼樣的感覺**（這可以幫助你在過程中察覺到自己的感受是否有所改善）。

寫下幾段說明當前感受的陳述後，對自己說：**關於這個主題，我要找出一些能改善感受的思維**。然後，寫下心中出現的一連串思維，這些思維或許能幫助你對這個主題有更好的感受。每寫完一段陳述後，就評估看看跟剛開始比起來，感覺是變好、不變，還是更糟了。

專注意念改善你對這些主題的感受，你就能改善願望和信念之間的振動關係，過了一段時間，情況一定會有所改善。你展現出來的樣子一定會跟隨振動的方向：感受改變了，情況也會改善，毫無例外。

**情緒引導量尺上的範圍若能限制如下，這個作法的效果會最好：**

四、正面的期望／信念
五、樂觀
六、滿懷希望
七、滿足
八、厭倦
九、悲觀
十、挫折／惱怒／不耐煩
十一、不知所措
十二、失望
十三、懷疑
十四、擔憂
十五、責怪

十六、沮喪
十七、憤怒

**■體能退化的情況**：我擔心自己的身體愈來愈差。我本來活力十足，現在卻有氣無力的，連我喜歡的事情都沒有精神做。我覺得這裡痛、那裡痛的，走路的時候膝蓋也會痛，我再也不敢去跑步了。我很怕我的身體會垮掉。我很擔心。

**■關於這個主題，我要找出一些能改善感受的思維**：

- 我應該多走路，但我提不起勁來。（不變）
- 我應該去散散步，當我不想走的時候可以隨時回頭。（變好）
- 我沒有力氣走路。（變糟）
- 每天走一點路，我的身體會變得更好。（變好）
- 或許我會逐漸喜歡上出門散步。（變好）
- 我又不是今天就要上場跑馬拉松。（變好）
- 我可以選擇要走多遠、要走多快。（變好）
- 但是走路的時候，我的膝蓋好痛。（變糟）
- 如果我慢慢走或許就沒有問題。（變好）

．我曾經體驗過運動的成效。（變好）
．我好久沒運動了。（變糟）
．我覺得每天去散一下步，應該不難做到。（變好）
．我想就試試看吧。（變好）
．我希望過不久就能感覺到體力改善了。（變好）
．覺得自己變得健康又充滿活力，一定很不錯。（變好）

♀

**■演員事業的情況**：我從小就想當演員。我上過一些課，我知道自己的演技不錯。我接到了一些零星的工作，但沒什麼大角色，也不是我真正想要的。很難。一個演出機會總有好多人競爭，我很絕望。或許我該放棄演員夢，找份真正的工作。我覺得很失望。我好沮喪。

**■關於這個主題，我要找出一些能改善感受的思維**：
．我厭倦了不斷去試鏡卻老是得不到角色。（變糟）
．我不知道該怎麼改變作法。（變糟）

・我不明白為什麼別人可以演出那個角色。（變糟）
・我已經累積了一些演出經驗。（變好）
・我學到了試鏡的流程。（變好）
・現在去試鏡的時候，我不覺得那麼害怕了。（變好）
・那些知名的演員都曾走過這一段過程。（變好）
・如果他們可以，我也做得到。（變好）
・拿到很不錯的角色一定會讓我欣喜若狂。（變好）
・我知道我可以符合大家的要求。（變好）
・回頭看看，我覺得我進步很多了。（變好）
・我只想放輕鬆，好好享受演出過程。（變好）

**■車輛故障的情況**：畢業後我就開始工作和存錢，總算存了足夠的錢可以支付一大筆車子的頭期款。我找到一輛看起來很不錯的車子，也付了一大半的錢，所以分期款項很低。但車子開不到兩個月就故障不斷，我只好借錢修車。車款和修車的錢加起來，已經足夠買一台新車了。我很自責。我好難過。我好生氣。

**■關於這個主題，我要找出一些能改善感受的思維：**

・太不公平了。（變糟）
・他們把車子賣給我的時候，早就知道車子有問題。（變糟）
・他們實在很沒有道德。（變糟）
・起碼現在車況還不錯。（變好）
・我真的覺得很難過。（變糟）
・光看車子的外表，其實我滿喜歡它的。（變好）
・我還付得起貸款。（變好）
・經驗能使人成長。（變好）
・我抱怨夠了，該向前看。（變好）

♀

**■財務保障的情況**：我跟我先生工作了一輩子。我們對錢一直很謹慎，因為我們知道總有一天要退休，所以存了一筆養老金。我們的兒子是股票交易員，他建議我們把錢交給他投資，才能存到足夠的退休金。於是我們把錢交給他了，結果現在一毛不剩，這輩子的辛苦全部煙消雲散。我真不知道我們能不能退休。我覺得很擔心。我好沮喪。我怪罪自己。我很生氣。我覺得沒有保障。我好害怕。

**■關於這個主題，我要找出一些能改善感受的思維：**

- 我們怎麼會那麼蠢呢？（變糟）
- 兒子不該拿我們的錢去冒險。（變糟）
- 他應該堅持做多方面的投資，才不會落到這個地步。（變糟）
- 我們會撐下去的。（變好）
- 反正我們還沒準備要退休。（變好）
- 還好我們仍有收入。（變好）
- 還好那筆錢沒有什麼急用。（變好）
- 不管發生了什麼事，我們總能應付。（變好）
- 我們會想到辦法的。（變好）
- 我們還有時間去補救。（變好）

**全球的情況**：地球似乎很不穩定。好多地震、土石流、海嘯和颶風，造成大量毀滅。我不想讓家人出門，害怕會發生什麼壞事，彼此就再也見不了面，或者還有更糟糕的結果。我很擔心。我覺得沒有保障。我好不安。

**關於這個主題，我要找出一些能改善感受的思維**：

- 要是碰到這樣的悲劇，一定很可怕。（變糟）
- 想到有可能發生這些災害，實在很嚇人。（變糟）
- 我活了這麼久，還沒碰過這種事情。（變好）
- 科技不斷進步，在災害發生前一定能預先示警。（變好）
- 我的孩子不管做什麼，都會保持警覺和專注。（變好）
- 我們都不曾親身經歷過這樣的天災。（變好）
- 杞人憂天只是浪費時間。（變好）

♀

**環境的狀況**：我擔心地球快要被人類毀滅了。空氣愈來愈髒。水也有毒不能喝。死掉的魚愈來愈多。冰帽融化變小。都是別人的錯。我很生氣。我覺得沒有保障。我好害怕。

**■關於這個主題，我要找出一些能改善感受的思維**：

・我們沒有投注足夠的心思去照顧地球。（變糟）

・大家都好自私，都不願意做該做的事。（變糟）

・我回去小時候住過的地方，沒看到什麼改變。（變好）

・有些地方的汙染程度比較嚴重，有些地方則沒問題。（變好）

・我們已經發覺問題，也制定了排放標準。（變好）

・情況已經開始好轉了。（變好）

・放眼望去，總能看到幸福的證據。（變好）

**■政府財政赤字的情況**：我們的政府缺乏效率，什麼都做不好，需要錢便向人民徵稅。政府用錢的態度很不負責任，簡直可說是愚蠢，官員們還抱怨沒有錢實現重要措施。眞是亂七八糟。我不知道誰可以解決問題。我覺得很失望。都是他們的錯。我很生氣。

**■關於這個主題，我要找出一些能改善感受的思維**：

・如果企業也這樣亂搞，早就破產了。（變糟）

．政府顯然不知道自己在幹什麼。（變糟）
．現在的我比十年前富有許多。（變好）
．現在的我甚至也比五年前富有。（變好）
．政府官員的作爲其實對我沒什麼直接影響。（變好）
．如果我認識那些政府官員，或許會比較寬容一點。（變糟）
．這個問題並不是我的責任。（變好）
．我覺得我應該把注意力放在自己能夠改善的事情上。（變好）

■**國族驕傲的情況**：小時候我對自己的國家非常狂熱。聽到愛國歌曲，我就興奮不已，我也很喜歡聽建國時期和國家發展的故事。但現在我的愛國心消失了，我覺得我知道太多了，而政府做的事都讓我搖頭。我覺得很失望。我想指責別人。我很生氣。

■**關於這個主題，我要找出一些能改善感受的思維**：
．政府的外交政策好可怕。（變糟）
．我不認同政府採取的行動。（變糟）

- 總統的行為讓我覺得好丟臉。（變糟）
- 我可以辨別理念和個人行為之間的不同。（變好）
- 要是真的出差錯了，總能想辦法扭轉局面。（變好）
- 我可以為自己做選擇。（變好）
- 我對國家仍有信心。（變好）
- 我不想住在別的地方。（變好）
- 我的行為代表我自己。（變好）

一念好轉法直探振動關係的核心。練習時，請充分利用你的情緒引導系統，察覺到自身的情緒。用心寫下你的想法，注意你的感受，然後懷著要改善感受的意念，選擇另一個思維。這就是自主創造的精神。

觀察眼前的事物一點也不費力，探索流入內心的思維也不用花力氣，但你必須要能夠自主選擇你的思維。做出選擇後，調整現在的思維和之前的思維兩者之間的關係，就能拉近現在的位置和目的地之間的振動差異——很快的你想要的東西便會在生活體驗中展現出來。這就是真正的自主創造。

# 三十七、運用富足皮夾法

我們要你記住，你目前體驗到的生活遠不如你對生活的感受來得重要，因爲生活的內容會不斷改變。有些人聽了這段話，會立刻表示異議，因爲他們認爲一切都不會改變，起碼他們看不到改變。

如果你覺得一切都不會改變，或者變化的速度很慢，且聽我們說明理由：因爲你的注意力都放在生活的現狀上，而不是你想要的生活。

由於金錢在日常生活中占了很重要的地位，針對這個主題，稍微調整你現在的頻率和願望之間的振動關係，就會讓你的體驗大幅改變。如果你希望有更多錢，但只要一想到錢就覺得擔憂或沮喪，你的情緒引導系統便指出你走錯了方向。你必須改變有關金錢的願望以及你針對金錢這個主題最常出現的思維，兩者之間的振動關係。感覺變好了，表示你的方向符合你的願望。

自然而然的，豐足會流入你的體驗，富足皮夾法幫助你發出能讓金錢入袋的振動，而不是把金錢推走。

**情緒引導量尺上的範圍若能限制如下，這個作法的效果會最好：**

四、正面的期望／信念
五、樂觀
六、滿懷希望
七、滿足
八、厭倦
九、悲觀
十、挫折／惱怒／不耐煩
十一、不知所措
十二、失望
十三、懷疑
十四、擔憂
十五、責怪

十六、沮喪

運用富足皮夾法：首先，準備一張千元大鈔，放進你的皮夾或皮包裡。請隨身攜帶這張鈔票，每次打開皮夾的時候都看看它。想到它在皮夾裡，你就覺得很開心，也要常常提醒自己這張鈔票給你的安全感。

在日常生活中，常常提醒自己一千元能買什麼。握住鈔票，不要立刻花掉它；只要想到這一千元，就能接收到美好的振動。也就是說，如果你有張千元大鈔，一看到想買的東西你就把它花掉，那麼你實際感受到的財務幸福就這麼一次。但如果一天下來你在心理上把這張千元大鈔花了二、三十次，你接收到的振動感受就等於兩、三萬元。

察覺到自己有能力從皮夾裡掏出錢來買這買那，就能不斷提升財務上的幸福感，你所產生的吸引力也跟著轉換了：**我能買這個。我也能買那個。我買得起那個……**

此外，由於你確實買得起（並不是打腫臉充胖子），你的財務並不會受到懷疑或不信任的阻撓。富足皮夾法很簡單，但力量很強大，將會改變你所產生的金錢吸引力。

閱讀下面的財務情況，試著找出妨礙例中人物的抗拒振動。然後再參考運用富足皮夾法的例子，看看自己能夠感受到什麼樣的振動變化。

**■財務情況**：我丈夫跟我都工作了好多年，也存了一點錢——不多，但足夠一年的生活開支。我們想自己做生意，已經有不錯的想法了，也有一個朋友願意提供足夠的資金。但到現在過了兩年，我們仍然靠積蓄過活，存款數字快速下降。我好擔心。我覺得很洩氣。

**■富足皮夾法**：我們決定開車出去兜風。一人帶著一張千元大鈔，到市區逛一個小時的街，在心裡面把這兩張鈔票不斷重複花用。看到想要的東西，我們就能體驗在心理上購買這樣東西的樂趣。事實上我們身上有錢，如果想買什麼也眞的買得起。但我們就只是開車轉轉，看看櫥窗裡擺了什麼，看看有什麼會吸引我們的目光，如果喜歡的話，就在心裡面把它買下。

· 在這邊吃晚餐吧。我喜歡這家餐廳。
· 去賣花的攤位看看，買一大束花回家吧。
· 我想買個暖爐放在露台上。
· 買個玩具給孫子們吧。
· 我想預約一天去做水療。

- 我想剪一個漂亮的髮型。
- 我想買雙新鞋子。
- 那張地毯好漂亮！價格也便宜！
- 我想要買幾個大大的花盆。
- 我想買一些可以掛在樹上的燈飾。
- 買些花草種在前院的花床上。
- 我想要洗洗車和檢查車子所有的零件。
- 我喜歡那把搖椅，買回家可以放在門廊上。
- 把園子裡的水管換一換好了……

第一次玩這個遊戲的時候，在尋找你想要買的東西時，你會發出錢不夠用的感受，而在那幾分鐘內，不自在的感受或許更加強烈。但接著玩下去，每看到一樣你想要的東西，就停下來告訴自己，**對，如果我真的想買，我有錢，錢就在我手上**，不自在的感受就會消散。持續下去，就能消除不自在的感受。一旦不自在的感受消失了，抗拒也抒解了。解除抗拒後……你的財務狀況一定會開始好轉。

# 三十八、運用變速輪法

在我們提供的作法裡，最有效的就屬變速輪法，它能幫助你快速改善目前的信念和願望之間的振動關係。體驗變速輪法的時候，你能感受到自身能量的振動回歸正途，而且不斷改善。

想像你站在遊樂場的旋轉木馬旁，你一直想要跳上去，但旋轉木馬的速度很快，你試了幾次都跳不上去。旋轉木馬的動力和你的動力相去甚遠，你總是被彈回地上。但如果旋轉木馬的速度慢了下來，你就能找到跳上去的機會，之後即使速度加快，你也能穩穩坐在上頭。

當願望和信念的動力出現分歧時，也是類似的狀況。或許要放慢願望的速度，或許要加快信念的速度，兩者的振動才能相符。

專心練習這個作法，你就能跟上願望的振動，一旦你的振動穩定了，就能加快振動的速度。

**情緒引導量尺上的範圍若能限制如下，這個作法的效果會最好：**

八、厭倦
九、悲觀
十、挫折／惱怒／不耐煩
十一、不知所措
十二、失望
十三、懷疑
十四、擔憂
十五、責怪
十六、沮喪
十七、憤怒

現在我們就來解釋如何實踐變速輪法：

在紙上畫一個大圓，然後在大圓中間畫一個直徑約五公分的小圓。接著找個舒服的地方坐下來，雙眼凝視著小圓。閉上眼睛，把注意力放在讓你產生負面情緒的事物上，確切找出你不想要什麼。

對自己說：**好，我清楚知道我不想要什麼。那我到底想要什麼？**

從你的感受來找出你不想要什麼以及你想要什麼，是很有幫助的。現在，在中間的小圓裡簡短寫下你想要什麼。

然後沿著大圓的圓周寫下符合你想要的東西的陳述。如果你的陳述確實能夠符合你的願望，你一定會察覺到。也就是說，你會**感受到**你的陳述是否符合你的願望，是否會把你從旋轉木馬上推下來。如果陳述能夠貼近你的願望，就能留存下來。

變速輪法如此有效，是因爲你寫下的陳述正是你自主選擇的結果。這些想法早就是你的信念，符合你的願望。

吸引力法則非常強大，思維只需停留在腦海中短短的十七秒，就能吸引類似的思維；一旦兩個思維結合在一起，就如同火上澆油，會變得更有力量。

當你找到其他給你良好感受的思維時，繼續把它們寫在大圓的圓周。

從十二點鐘的方向開始，朝著一點、兩點前進，直到你寫下了十二條令你感覺良好的陳述。

寫完十二條陳述後，把原本寫在小圓裡的字詞圈起來，你會發現你的振動頻率更加貼近那個思維，而在幾分鐘前，你卻覺得離那個思維非常遙遠。

**■疲勞的情況**：我覺得有氣無力，總是疲憊不堪。要撐過一整天好難，該做的事老做不完，但我累死了，對什麼都提不起勁。我覺得快要被壓垮了。

關於不想要的事物的陳述：我不想感到疲倦。

關於想要的事物的陳述：我想要變得健康強壯，而且充滿活力。

你試著跳上旋轉木馬（你可以感覺是否被彈回，或者如果陳述夠貼近願望就能跳上去）：

——我必須懂得控制自己。（失敗）

——我不能再繼續抱怨下去了。（失敗）

——我記得我曾有過充滿活力的感受。（成功）

以上最後這個陳述的振動頻率夠貼近你的願望，因此能夠留存。你可以把這個陳述寫在變速輪法十二點鐘的位置。找到其他能夠留存的陳述時，繼續順時鐘往下寫，從一點鐘開始，接下來是兩點鐘，以此類推。

——我向來還算健壯。（一點鐘）

——我喜歡健康的感覺。（兩點鐘）

你已經改善了你現在的位置和目標之間的振動關係，因此你現在可以輕鬆的跳上旋轉木馬。好好利用這個機會，堅持下去。提出更多貼近願望的陳述，你就能穩定留在改善過的振動頻率中。

——我的身體有了更好的反應。（三點鐘）

——我已經感覺到體力改善了。（四點鐘）

——我覺得自己一天比一天更強壯。（五點鐘）

——我很期待能夠再度開始健走。（六點鐘）

——每天出門走一趟，有提神的效果。（七點鐘）

——今天天氣很好，很適合運動。（八點鐘）

——我的身體很健康。（九點鐘）

——我喜歡健康的感覺。（十點鐘）

——有好多事情讓我覺得很享受。（十一點鐘）

這個遊戲讓你能專注於你現在的位置和目標之間的振動差異，在短短的時間內，你的振動關係已經大幅改善——事實上，改善的幅度大到你的振動頻率已經符合你對願望的陳述：**我覺得健康強壯，充滿活力！**

♀

**■孤單的情況**：我朋友不多。眞的，我連一個親密好友都沒有，孤單過日子一點也不好玩。以前我交過一些朋友，但都不算知己。感覺那些人只想看看能從我身上得到什麼好處，卻不曾給我同等的回報。我覺得很灰心。我覺得很孤單。

關於不想要的事物的陳述：我不想要孤孤單單。

關於想要的事物的陳述：我想要找到眞正的好朋友。

你試著跳上旋轉木馬（你可以感覺是否被彈回，或者如果陳述夠貼近願望就能跳上去）：

——知音難尋。(失敗)

——我從未擁有眞正的好朋友。(失敗)

——我常常看到別人享有很棒的友誼。(成功)

以上最後這項陳述夠貼近願望的振動頻率,可以寫到輪盤十二點鐘的方向。

——我曾經遇過一些相處起來很愉快的人。(一點鐘)

——友誼不該強求。(兩點鐘)

——初次相識通常我就知道是否想要更進一步認識對方。(三點鐘)

——如果我對某人很有好感,他通常對我也有同樣的感覺。(四點鐘)

你的抗拒降低了不少。你的振動關係眞的改善了,保持下去吧……

——其實在認識新朋友這方面,我可以更加積極。(五點鐘)

——到處都有好人。(六點鐘)

——也有很多人想認識新朋友。(七點鐘)

——我的感受改善了以後，好相處的人也會跟著出現。（八點鐘）

——有很多方法可以認識不錯的新朋友。（九點鐘）

——我的確很喜歡跟別人相處。（十點鐘）

——我覺得我能夠展開全新的生活。（十一點鐘）

你的振動頻率符合願望了，在小圓內寫下：**我很興奮馬上就要認識新朋友了**。

♀

■**同事的情況**：跟我同一個辦公室的人實在很難相處。她總是批評東、批評西的，一直講個沒完。她不喜歡她的工作，而當我想要好好工作時，她又老愛插手。我希望她辭職或被公司給開除。生命短暫，我不想把寶貴的時間浪費在她身上。我覺得很悶。我想發火。我好生氣。

關於不想要的事物的陳述：我不想跟這麼討厭的人同處一間辦公室。

關於想要的事物的陳述：我希望周圍都是好相處的人。

你試著跳上旋轉木馬（你可以感覺是否被彈回，或者如果陳述夠貼近願望就能跳上去）：

——我希望她被公司開除。（失敗）

——我希望我或她可以調職。（失敗）

——上班的時候能保持好心情，讓我覺得很愉快。（成功）

以上最後這個陳述的振動頻率夠貼近你的願望，因此能夠留存。把這個陳述寫在變速輪法十二點鐘的位置。

——我確實很喜歡我的工作內容。（一點鐘）

——我在工作上表現得還不錯。（兩點鐘）

你的振動已經改善了不少，好好把握，讓生活充滿改善過的振動以及愉快的感受。

——我想要證明我能夠集中精神。（三點鐘）

——通常當我思緒清明時，其他人也會跟隨我的領導。（四點鐘）

——我要努力樹立良好的工作典範。（五點鐘）

——她的願望一定很強烈。（六點鐘）

——其實我不太清楚這位同事的問題，我願意幫助她。（七點鐘）

——我很幸運自己享有不錯的生活。（八點鐘）

——我跟大多數的朋友都相處愉快。（九點鐘）

——如果用心經營的話，我能跟大多數同事相處得很好。（十點鐘）

——我願意更努力達成振動和諧。（十一點鐘）

在小圓內寫下：**我期待我們的關係能夠獲得改善。**

■**演員事業的情況**：我從小就想當演員。我上過一些課，我知道自己的演技不錯。我接到了一些零星的工作，但沒什麼大角色，也不是我真正想要的。很難。一個演出機會總有好多人競爭，我很絕望。或許我該放棄演員夢，找份真正的工作。我覺得很失望。我好沮喪。

關於不想要的事物的陳述：我不想要工作得這麼辛苦卻一無所獲。

關於想要的事物的陳述：我想要得到很棒的角色。

你試著跳上旋轉木馬（你可以感覺是否被彈回，或者如果陳述夠貼近願望就能跳上去）：

——一定沒有人會僱用我。（失敗）

——上星期的試鏡挺有意思的。（成功）

你的振動關係已經足以讓你跳上旋轉木馬，把這一條寫在十二點鐘的方向。

——能遇見有趣的人，讓我心情很愉快。（一點鐘）

——我能感覺到自己放鬆了，我的表現也不錯。（兩點鐘）

——如果某個角色就是不適合我，也沒關係。（三點鐘）

——如果我很適合某個角色，我相信我能被選上。（四點鐘）

——很多知名的演員也經歷過我現在這個階段。（五點鐘）

——每次試鏡都是寶貴的經驗。（六點鐘）

——我試鏡過很多次，現在一點都不會怯場了。（七點鐘）

——我感覺得到自己愈來愈靠近目標。（八點鐘）

——我覺得每次面試後，自信心都提升了。（九點鐘）

——我覺得我表現得很好。（十點鐘）

——我熱愛演員的工作。（十一點鐘）

此時，願望跟信念的振動已經相符。把以下陳述寫在小圓裡：**當很不錯的機會來臨時，我一定能夠加以把握**。

把注意力放在不想要的東西上，即使只過了短短一段時間，你就會發出不符合願望的振動，接下來就愈來愈難把注意力轉移到你想要的東西上。你一定要找到方法轉移注意力，才能創造出不同的體驗。變速輪法便是爲了這個目的而設計，幫助你跳脫目前的位置，加快自己的轉動，符合更好的振動。這個方法能讓你從高度抗拒到脫離抗拒。

要實踐這個作法，關鍵在於**專注意念**。只要你持續把注意力放在某項事物上，並寫成文字，你的想法（和力量）就會成長。畫出大圓，專注意念，然後陳述你的想法，發現不協調的振動。你需要集中注意力，才能成功跳上旋轉木馬；這時候，振動頻率出現最大的變化。當你在十二點鐘的位置寫下了第一條陳述，就不需要再費力思索才能留在旋轉木馬上；繼續寫下其他的陳述，你的振動就會穩定下來，願望和信念之間的振動關係也跟著改善了。

把這個方法運用在生活中重要的事物上，改善問題、加強人際關係、吸引更多財富、調整身體狀況……練習這個作法，絕對好處多多，你的生活一定會出現變化。

# 三十九、運用相應感受法

相應感受法能夠有效幫助你確認自己正散發出好的振動，這個作法能讓你明白自己吸引到什麼樣的東西。運用相應感受法時，你要發揮想像力，假裝你的願望已經實現了，你已經體驗到願望中的種種細節。

**專注於願望實現的感受上，你就不會感受到願望無法實現**。多加練習後，你就可以改變現狀，就算願望尚未實現，你也能發出彷彿願望已經實現的振動，接著願望一定會實現。

在這個過程中，你要在腦海裡想像一些影像，讓你發出隨順願望的振動。你要創造出令你感受良好的影像。你要找到願望實現的相應感受，而不是願望破滅的相應感受。

你可以利用回憶法，想起更符合願望的時光；你可以用想像法，想像或假裝你的願望實現了；或者你可以把注意力放在已經實現了相似願望的人身上——當你把注意力放在願望的細節，內心就會發動願望的振幅。你不需要眞的體驗到，才能發出相應的振動；如果你能發出類似的振動，願望就離你的實際生活體驗不遠了。

多加練習相應感受法，就能更加熟練，也更能體驗其中的樂趣。利用想像力，或挑選過去的回憶，就能發出新的振動，而你所產生的吸引力也改變了，只要能找到新的相應感受，相關主題的生活體驗也會跟著改善。

**情緒引導量尺上的範圍若能限制如下，這個作法的效果會最好：**

十、挫折／惱怒／不耐煩
十一、不知所措
十二、失望
十三、懷疑
十四、擔憂
十五、責怪
十六、沮喪
十七、憤怒

■**婚姻的狀況**：我還是很愛我老婆，但我倆的婚姻關係早就不如從前。剛結婚的時候，我每天都迫不及待要下班，只爲了回家見到她。現在呢，老實說，我有點怕回到家。她老是喋喋不休抱怨大小瑣事，只要不如她的意，就會怪到我頭上來。我不想離婚，但這段婚姻已經毫無幸福可言。我覺得很沮喪。我很自責。我心中充滿懊惱。

**回憶法**：我記得我們第一次見面的情形。她立刻吸引了我的注意力，我喜歡她的外表，我也很喜歡她的風趣。我記得她很認眞傾聽我說話，聽得津津有味的，讓我覺得很開心。當下我就知道，我想跟她共度更多的時光……

記起過去讓你覺得很開心的事情，就能有效改善你的振動，因爲當你想起這些感覺更快樂的時光，你就發出了那個時刻的振動。此外，想像美好過去時，你便無法把注意力放在不好的現狀或剛發生的事情上。

**想像法**：我想像自己離開了辦公室，很開心我把工作都做完了。我想像自己坐進車子裡。我很喜歡我的車子，它是一台很漂亮的車。我按下播放鍵，我妻子最喜歡的音樂流瀉而出。我微微一笑，因爲我知道她昨天開了我的車，也放了同樣的音樂。現在我等不及要回家跟她一起消磨時間。她的個性很開朗，跟她在一起總讓我覺得很愉快。我眞是太幸運了……

注意到了嗎？在想像的過程中，沒有什麼嚴肅或很有深度的想法。你不需要刻意想著什麼事。你不需要試著改造或改變你的妻子。你編造這個故事只有一個目的：讓自己覺得很愉快，同時把注意力放在對你很重要的事情上。你的想像雖然純屬虛構，卻改變了你對妻子所發出的振動，以及相關願望的振動。情況會開始好轉，起碼你的感受已經改善了。

■**財務的情況**：我丈夫跟我都工作了好多年，也存了一點錢——不多，但足夠一年的生活開支。我們想自己做生意，已經有不錯的想法了，也有一個朋友願意提供足夠的資金。但到現在過了兩年，我們仍然靠積蓄過活，存款數字快速下降。我好擔心。我覺得很洩氣。

**回憶法**：我記得第一次領到薪水的時候，我覺得好開心。我沒有帳單要付，一次領到那麼多錢讓我覺得自己好富裕。我記得我好興奮，我心想再過幾個星期，我又會領到薪水，然後下一次的發薪日又會到來……

重新發動令你感覺良好的回憶非常有益，因爲那段回憶是你的親身體驗，因此抗拒的振動頻率不高。換句話說，你對你的回憶很安心。從過去找出一段符合當下願望的信念，你當下的振動頻率就達成平衡，也會展現在生活體驗中。

**想像法**：我正在開支票好償還朋友借我們做生意的資金。他很驚訝，也很高興我們這麼快就把錢付清了。我可以想像丈夫把支票交給朋友時會有多高興。他們是很好的朋友。朋友願意相信我們的創業理念，眞是太好了；我們能清償債務，生意成功，感覺實在非常棒。而且我們才剛開始而已，還有很多東西等著我們去體驗，好好享受……

你無法同時把注意力放在想要和不想要的東西上。利用想像力去創造出令人感覺良好的情景，就能立刻把注意力從不想要的實相上移開，你的振動也會立刻改變，符合你的願望。一旦你明白振動的力量，便再也不會把注意力放在不想要的實相上，因爲實相彷彿白駒過隙；你可以將實相塑造成令你感到愉悅的情況、事件、場景和條件。

♇

■**全球的情況**：地球似乎很不穩定。好多地震、土石流、海嘯和颶風，造成大量毀滅。我不想讓家人出門，害怕會發生什麼壞事，彼此就再也見不了面，或者還有什麼更糟糕的結果。我很擔心。我覺得沒有保障。我好不安。

**回憶法**：我記得小時候跟父母住在一起的情形。前院的欄杆旁種了兩大叢紫丁香。媽媽常讓我把舊毛毯拿出去玩，我記得我會用曬衣夾在樹叢間搭起帳篷，一玩就玩好幾個小時。我會不斷變換位置，或者從房裡拿出其他玩具。

懂了嗎？你不需要解決全世界的問題，甚至連你自己的問題都不用解決，你就可以改變自己的感受。只要記得從前的美好時光，你就能重新發動幸福的振動，幸福的感覺持續一段時間後，你就只會體驗到幸福。

**想像法**：我看到老婆小孩下了車，準備入住這棟漂亮的飯店。這個地方很少人知道，不過我們每年都來。孩子們都很期待來這裡度假，因爲他們可以隨處亂跑，他們也會認識其他的小孩，在這無憂無慮的環境中大家都很自在。我們不會嚴格規定什麼時候要做什麼，可以隨興而爲。

練習以專注的思維去產生某種感受，而不是在發出思維時才察覺自己有什麼樣的感受，這麼做效力強大。你要關心自己的感受，並按著思維給你的感受來選擇思維，如此一來就能控制自己的振動，以及願望和信念的關係。

很多人認爲做白日夢或幻想只是浪費時間。我們卻認爲這是用你的情緒引導系統來引導心智的力量，發出吸引力的振動。我們認爲這就是強大的自主創造。

回憶和想像其實很類似，因爲在這兩種過程中，專注的目標都不在當下的實相。把注意力放在正面的事物，除了眼前正在發生的事情，你還能發出振動，把好的東西吸引到你的體驗中。如果你只專注在當前的實相，就看不到改變。

# 四十、運用清償債務法

情緒引導量尺上的範圍若能限制如下，這個作法的效果會最好：

十、挫折／惱怒／不耐煩
十一、不知所措
十二、失望
十三、懷疑
十四、擔憂
十五、責怪
十六、沮喪
十七、憤怒

十八、仇恨
十九、恨意／狂怒
二十、嫉妒
二十一、沒有安全感／罪惡感／缺乏價值
二十二、恐懼／哀傷／憂鬱／絕望／無力

開始清償債務吧！找一本筆記本，欄位最好跟每個月支出的項目一樣多。從最左邊那一欄開始，在標題寫下每個月最大的一筆支出。比方說，如果你每個月最大的開支是房貸，就在標題列寫下房屋貸款。接著，在標題下面寫上房貸的金額，再把金額圈起來，表示每個月要付這麼多錢，然後在第三列寫下尚未清償的房貸總額。

接下來在第二欄寫入第二大的支出，第三欄則是第三大的支出，以此類推。然後，在筆記本最上方寫下這段宣言：**我希望能信守對於這些債務的承諾，或許有時候我還可以支付雙倍的應繳金額**。

每次收到帳單時，取出你的筆記本，可以的話就調高每月的應繳金額。如果金額不變，就寫下原本的數字。

收到記事本上最右邊那欄的應繳帳單時（也就是每個月最小的一筆支出），請寫下雙倍的應繳金額，同時算出新的未償餘額是多少。

剛開始練習時，或許你會覺得有點奇怪，但就算你沒有足夠的錢去支付所有的債務，仍要把最右邊的金額乘以二。除了信守你許下的承諾，盡力支付所有的欠款，有時候你還能支付雙倍的應繳金額。

現在你已經用全新的眼光檢視你的財務狀況，你的振動會立刻出現變化。即使你對自己信守承諾的能力只感到一點點驕傲，你的振動也改變了。你遵守承諾，某些應繳帳款還加倍償還，如此一來你就能改變振動。振動改變後，就算變化的幅度微小，你的財務狀況也會開始改善。

如果你花一點時間把所有的債務都寫到記事本上，這個最新的專注焦點就會開始激發跟金錢相關的正面能量。當你又收到一筆帳單時，你不會感到沮喪，反而會充滿熱切，立刻把它寫入記事本。態度和振動改變後，你的財務情況也會跟著改變。

意外之財會出現在你的體驗中。你會買到物美價廉的東西。花同樣的錢能買到更多的東西。有益的金錢體驗會不斷出現，面對這些體驗，你要意識到它們其實在回應你最新的專注焦點，是振動改變後才產生這樣的結果。

手頭有了餘錢，你會發現自己很想趕緊拿去付掉債務。不久之後，最小筆的債務就還完了，你可以把那一欄從記事本上畫掉。你的收入扣掉支出後將有更多的餘額，你就能清償更多的債務。

一旦這麼做，你會感覺到財務的幸福感提升了。只要你認眞執行，和金錢相關的振動就會大幅改變，如果你希望能快點還清欠款，這個願望馬上能夠實現。

負債並沒有錯，但如果你覺得債務把你壓得喘不過氣來，關於金錢的振動就會充滿抗拒。負擔減輕後，你覺得更輕鬆更自由了，就能消除抗拒，這時便能體驗到幸福滿溢的感受。

善加運用這個作法，就能改變你對金錢這個主題所發出的振動。如果你的財務狀況令你很困擾，這個作法特別有效，因爲你將學會從不同的角度檢視你的財務狀況。不知不覺中，關於金錢的振動模式一天比一天進步。

清償債務法教你用負責的態度去面對金錢，要你記錄債務，算出每一筆要支付的金額。你會立刻感受到變化，並開始思索自己能做什麼、做不到什麼。這個作法很實際又有點趣味，讓你的能量能夠跟隨願望的方向。

或許你原本以擔心受怕的態度來面對金錢，持續運用這個作法幾個星期之後，你就會充滿希望，覺得很有趣，也很熱切的面對財務問題。如果你想要還清債務，清償債務法一定可以幫你達成目標，幫助你平衡和金錢有關的能量。我們也向你保證：一旦關於金錢的能量平衡了，整體的財務狀況也會達成平衡。

# 四十一、運用求助宇宙總管法

想像你是一家大公司的老闆，爲你工作的員工有上千人。有人負責製造和行銷產品，有人負責記帳、審核和顧問。你也僱用了創意人員和廣告專家——所有員工的效力確保公司能順利運作。

現在想像你跟這些人都沒有直接的對應關係，但你有一位總管負責跟大家接觸；這位總管了解大家的工作，提供員工建議和指引。因此每當你有新的想法時，你會告訴總管，他則說：「我立刻去辦。」而且他也眞的會立刻處理，非常有效率，成效驚人，分毫不差，完全符合你的想法。

或許你會忍不住說：「我想要一個那樣的總管，一個能眞心信任的人，他能幫我把事情做好。」

我們想對你說，你已經有這樣的總管了，而且他能做的不只如此。

**這位一直爲你工作的總管叫作吸引力法則，你只要立下心願，這位總管就會實現你的願望。**

這個作法的成功關鍵在於，許願時一定要相信你的願望能夠實現。就像對你信任的人許願，你知道他絕對不會辜負你，你也知道他一定會滿足你的需求。你就是要用這樣的態度對宇宙提出心願。**許願的態度要堅定，並期待會看到成果。**

**情緒引導量尺上的範圍若能限制如下，這個作法的效果會最好：**

十、挫折／惱怒／不耐煩
十一、不知所措
十二、失望
十三、懷疑
十四、擔憂
十五、責怪
十六、沮喪
十七、憤怒

■**鄰居的情況**：我本來很喜歡我們這一區，但隔壁搬來了一家人，簡直就是一場災難。他們家的狗老是跑到我家院子裡大小便。他們在外面車道上停了三、四台爛車，也不開進車庫，有人來訪時我覺得好丟臉。我想要指責他們。我覺得很難受。我很生氣。

但現在我想起來了，我有這位能幹、有力、願意幫忙的宇宙總管，他絕對會滿足我的願望。所以我向他提出下面的心願，這位總管的能力驚人，能夠有效達成目標：

- 我希望這隻狗能到其他地方方便，遠離我的院子。
- 我希望那些爛車能離開我們這條街。
- 我希望能和鄰居保持良好的關係。
- 我希望住在這條街上能讓我覺得很驕傲。
- 謝謝你幫忙處理這些問題。

♀

■**居家維護的情況**：要讓家裡的東西全部堪用，得花上一大筆錢。這棟房子本來就造得不好，屋齡十年了，東西一樣一樣壞掉。每次轉過身，就會發現又有東西要修。我覺得很沮喪。我不知道該怎麼辦。我很洩氣。我覺得好失望。

但現在我想起來了，我有這位能幹、有力、願意幫忙的宇宙總管，他絕對會滿足我的願望。所以我向他提出下面的心願，這位總管的能力驚人，能夠有效達成目標：

・請幫我找到一個價格合理、多才多藝的修理師傅。
・我希望他能正確判斷哪些東西需要換新。
・請幫我找到價格合理的替代品。
・我希望我能多看看這棟老房子有哪些優點。
・我希望這棟老房子的缺點能夠消失。
・就這樣了。謝謝你幫忙處理這些問題。

♀

**■兩代的關係**：我女兒已經成年了，卻老愛對我發脾氣。不論我花多少時間陪她，她永遠不滿足。她總是抱怨我不肯多花一點時間在她身上！我很忙，眞的沒時間，但相處的時候她的態度又讓我很不高興。我覺得很內疚。我很生氣。我覺得好失望。

但現在我想起來了，我有這位能幹、有力、願意幫忙的宇宙總管，他絕對會滿足我的願望。所以我向他提出下面的心願，這位總管的能力驚人，能夠有效達成目標：

・讓我只看到女兒最好的特質。
・讓女兒只看到我最好的特質。
・每天都提醒我們，我們的生活有多麼美好。
・爲我們安排一趟美好的旅程。
・就這樣了。謝謝你幫忙處理這些問題。

♀

**■財務的情況**：我丈夫跟我都工作了好多年，也存了一點錢——不多，但足夠一年的生活開支。我們想自己做生意，已經有不錯的想法了，也有一個朋友願意提供足夠的資金。但到現在過了兩年，我們仍然靠積蓄過活，存款數字快速下降。我好擔心。我覺得很洩氣。

但現在我想起來了，我有這位能幹、有力、願意幫忙的宇宙總管，他絕對會滿足我的願望。所以我向他提出下面的心願，這位總管的能力驚人，能夠有效達成目標：

・請讓好顧客接踵而來。
・在生意據點附近聚集更多人潮。

．激勵我們採取適當的行動。

．讓朋友感受到我們眞的很感激他的協助。

．給我們需要的人手，協助我們營運不斷擴展的業務。

．就這樣了。謝謝你幫忙處理這些問題。

♀

**■孤單的情況**：我朋友不多。眞的，我連一個親密好友都沒有，孤單過日子一點也不好玩。以前我交過一些朋友，但都不算知己。那些人只想看看能從我身上得到什麼好處，卻不曾給我同等的回報。我覺得很灰心。我覺得很孤單。

但現在我想起來了，我有這位能幹、有力、願意幫忙的宇宙總管，他絕對會滿足我的願望。所以我向他提出下面的心願，這位總管的能力驚人，能夠有效達成目標：

．請製造一些情境，讓我可以認識不錯的朋友。

．安排適合我的人跟我碰面。

．我希望這些人很風趣，很有意思。

．我希望能在自然而然的情況下遇見新朋友。

· 我希望不久之後就能認識新朋友。
· 就這樣了。謝謝你幫忙處理這些問題。

♀

**■父母過度干涉的情況**：我離家十多年了，但我媽還是認爲她得告訴我該做什麼，所以我一直避著她，因爲我不喜歡別人指使我。結果她很生氣，情況反而更糟糕了。我們碰面的時候，她對待我的方式就像我是個生活白痴。我想要糾正她。我覺得很生氣。

但現在我想起來了，我有這位能幹、有力、願意幫忙的宇宙總管，他絕對會滿足我的願望。所以我向他提出下面的心願，這位總管的能力驚人，能夠有效達成目標：

· 請提醒我媽媽我已經長大了。
· 請讓媽媽明白我有多能幹。
· 請用愛安撫她心中的不安。
· 引導她看見其他有意義的事情，轉移她的注意力。
· 幫助她了解我有多愛她。
· 讓我們共同相處的時間更有意義，彼此都覺得更開心。

．就這樣了。謝謝你幫忙處理這些問題。

♀

**■演藝事業的情況**：我從小就想當演員。我上過一些課，我知道自己的演技不錯。我接到了一些零星的工作，但沒什麼大角色，也不是我眞正想要的。很難。一個演出機會總有好多人競爭，我很絕望。或許我該放棄演員夢，找份眞正的工作。我覺得很失望。我好沮喪。

但現在我想起來了，我有這位能幹、有力、願意幫忙的宇宙總管，他絕對會滿足我的願望。所以我向他提出下面的心願，這位總管的能力驚人，能夠有效達成目標：

．請幫我安排不錯的面試機會。
．讓大家都知道我可以參與演出，而且我的演技很棒。
．讓我能夠脫穎而出。
．安排訓練人員來加強我的演技。
．就這樣了。謝謝你幫忙處理這些問題。

**■財務不均衡的情況**：我的財務狀況一直不怎麼樣。沒預料到的事情不斷發生，我賺的錢都花光光，卡債也不少，所以我其實是入不敷出。我試過編列支出預算，但什麼都需要錢。我妻子也有工作，可以幫一點忙，但孩子愈來愈大了，花費也愈來愈高。我很擔心。我覺得很洩氣。

但現在我想起來了，我有這位能幹、有力、願意幫忙的宇宙總管，他絕對會滿足我的願望。所以我向他提出下面的心願，這位總管的能力驚人，能夠有效達成目標：

- 請讓我有機會加薪。
- 請讓我妻子有機會加薪。
- 幫助我們申辦利率更低的貸款。
- 時常提醒我生活有多麼美好。
- 讓我跟妻子都能感激生命中美好的事物。
- 引導我們做出最好的財務決定。
- 就這樣了。謝謝你幫忙處理這些問題。

**■財務保障的情況**：我跟我先生工作了一輩子。我們對錢一直很謹愼，因爲我們知道總有一天要退休，所以存了一筆養老金。我們的兒子是股票交易員，他建議我們把錢交給他投資，才能存到足夠的退休金。於是我們把錢交給他了，結果現在一毛不剩，這輩子的辛苦全部煙消雲散。我眞不知道我們能不能退休。我覺得很擔心。我好沮喪。我怪罪自己。我很生氣。我覺得沒有保障。我好害怕。

但現在我想起來了，我有這位能幹、有力、願意幫忙的宇宙總管，他絕對會滿足我的願望。所以我向他提出下面的心願，這位總管的能力驚人，能夠有效達成目標：

- 幫助我們重拾富足的感受。
- 讓我們找到方法能以現有的資源更快累積財富。
- 指出目前我們沒想到的優勢。
- 讓我們的兒子知道我們並不怪他。
- 讓我們有「從頭開始」的勇氣。
- 就這樣了。謝謝你幫忙處理這些問題。

■**旅遊冒險的情況**：我覺得被困住了，我似乎只能探索世界的一小塊，了解的事物也僅限於這裡。我想去好多地方看看，但我沒辦法請長假去旅行，也難以停留夠久的時間去深入了解某個地方。我覺得我錯過了好多。我好無聊。我覺得好沮喪。

但現在我想起來了，我有這位能幹、有力、願意幫忙的宇宙總管，他絕對會滿足我的願望。所以我向他提出下面的心願，這位總管的能力驚人，能夠有效達成目標：

- 請在地圖上清楚指出一個點，讓我安排假期去探索。
- 安排令人滿意的行程，讓我第一次旅行就能實現許多願望。
- 盡力讓我以最合理的價錢做好各項安排。
- 爲這次和將來的旅程安排金援。
- 雖然我沒有要馬上成行，也把相關資訊分享給我。
- 就這樣了。謝謝你幫忙處理這些問題。

■**環境的狀況**：我很擔心地球快要被人類毀滅了。空氣愈來愈髒。水也有毒不能喝。死掉的魚愈來愈多。冰帽融化變小。都是別人的錯。我很生氣。我覺得沒有保障。我好害怕。

但現在我想起來了，我有這位能幹、有力、願意幫忙的宇宙總管，他絕對會滿足我的願望。所以我向他提出下面的心願，這位總管的能力驚人，能夠有效達成目標：

- 請確保地球上的各項設施都正常運作。
- 讓水資源恢復純淨。
- 爲了地球的幸福，讓氣候保持穩定和規律。
- 可以的話，讓我看到地球依然安樂的各項證據。
- 就這樣了。謝謝你幫忙處理這些問題。

■**政府的情況**：政府官僚缺乏效率，讓我覺得很厭煩。政府的規定好多，還僱用了一堆根本不需要的人……只爲了塡寫無用的制式表格。打電話給政府機構，甚至找不到人回答問題。爲了搞清楚該怎麼做，我浪費了好多時間，要是一開始就有人告訴我不就好了嗎？我們需要更好的官僚系統。我覺得很氣餒。我不知道該怎麼辦。我想找人出氣。

但現在我想起來了，我有這位能幹、有力、願意幫忙的宇宙總管，他絕對會滿足我的願望。所以我向他提出下面的心願，這位總管的能力驚人，能夠有效達成目標：

- 為政府機構安排有效率的員工。
- 幫助政府創造符合使用者需求的指引和表單。
- 讓懂得民眾需求的人來幫助我。
- 讓我們能更容易做到政府的各項要求。
- 提醒我這些事情多半是為了我好，為了維護我的利益，我應該要投注心力。
- 就這樣了。謝謝你幫忙處理這些問題。

♀

■**政府財政赤字的情況**：我們的政府缺乏效率，什麼都做不好，需要錢便向人民徵收。政府用錢的態度很不負責任，簡直可說是愚蠢，然後官員們還抱怨沒有錢實現重要措施。眞是亂七八糟。我不知道誰可以解決問題。我覺得很失望。都是他們的錯。我很生氣。

但現在我想起來了，我有這位能幹、有力、願意幫忙的宇宙總管，他絕對會滿足我的願望。所以我向他提出下面的心願，這位總管的能力驚人，能夠有效達成目標：

- ‧引導政府人員負起財政責任。
- ‧做好安排，讓我們的納稅能發揮更強的效用。
- ‧讓我看到政府的價值和效率都不斷進步。
- ‧讓政府領導人投注更多心力去改善現況。
- ‧我希望大家能消除黨派偏見，更誠懇的解決問題。
- ‧就這樣了。謝謝你幫忙處理這些問題。

♀

■**國族驕傲的情況**：小時候我對自己的國家非常狂熱。聽到愛國歌曲，我就興奮不已，我也很喜歡聽建國時期和國家發展的故事。但現在我的愛國心消失了，我覺得我知道的太多了，而政府做的事都讓我搖頭。我覺得很失望。我想指責別人。我很生氣。

但現在我想起來了，我有這位能幹、有力、願意幫忙的宇宙總管，他絕對會滿足我的願望。所以我向他提出下面的心願，這位總管的能力驚人，能夠有效達成目標：

- 鼓勵下一代的接班人，讓他們準備好面對挑戰。
- 讓國家領袖聽見人們的聲音。
- 讓我們擁有願意服務人民的領導者。
- 讓我更以自己的國家爲榮。
- 提供令人信服的資訊給我們的領導者作爲施政參考。
- 提醒我們的領導者他們要對人民負責。
- 就這樣了。謝謝你幫忙處理這些問題。

剛開始練習時，或許你會懷疑這位總管無法實踐你的心願，進而質疑起自己的要求。當然，如果懷疑壓倒了願望，你就只能懷疑，看不到願望得到滿足的證據。

持之以恆，持續把你的心願託付給宇宙總管，懷疑的心會慢慢消退，而當願望實現，將能證實你的心智具有強大的力量。你會發覺自己的願望竟然如此有力，令你振奮。

我們無法說明你所掌握的資源有多少；這些資源早已準備好爲你所用。你只需要找到方法來利用資源，求助宇宙總管法正是你需要的工具。運用一段時間後，你會改變對生活的看法，而看法改變了，生活就會跟著改變。

# 四十二、運用我本健康法

練習的時候，找個舒服的地方躺下，愈舒服愈好。騰出一段不會被別人打擾的時間，大約十五分鐘。

**情緒引導量尺上的範圍若能限制如下，這個作法的效果會最好：**

十、挫折／惱怒／不耐煩
十一、不知所措
十二、失望
十三、懷疑
十四、擔憂
十五、責怪

十六、沮喪
十七、憤怒
十八、仇恨
十九、恨意／狂怒
二十、嫉妒
二十一、沒有安全感／罪惡感／缺乏價值
二十二、恐懼／哀傷／憂鬱／絕望／無力

現在，把下面的事項寫在紙上，放在方便看到的地方，然後躺下，慢慢把這些事項讀出來。

・我的身體原本就很健康。
・就算我不知道該如何恢復健康，我的身體也知道該怎麼辦。
・我的身體裡有幾十億個細胞，各有意識，知道該如何達成自身的平衡。
・身體剛開始出現毛病時，我懂的不像現在這麼多。

- 如果早知道這些事情，我也不會患上這個毛病了。
- 我不需要了解病症的起因。
- 我不需要解釋為什麼我會生這個病。
- 我只需要慢慢脫離病症，最後一定會成功。
- 生病的原因並不重要，因為情況已經開始好轉了。
- 我已經改善了健康的思維，要讓身體的情況符合改善後的思維，需要一點時間。
- 不必急著好起來。
- 我的身體知道該怎麼辦。
- 幸福安樂原本就是我熟悉的狀態。
- 我的內在自己會用很奇妙的方式察覺到有形身體的狀況。
- 體內的細胞想知道該怎麼樣才能健康快樂，本源能量也回應了這些要求。
- 我得到很好的照顧。
- 我要放寬心，讓身體能夠和本源溝通。
- 我只需要放鬆，好好呼吸。
- 我可以做得到。
- 對我來說輕而易舉……

好好躺著，享受舒適的感覺，把注意力放在自己的呼吸上——吸氣、吐氣、再吸氣、再吐氣……深深呼吸，保持放鬆。不要勉強，不要太過刻意，你只需要放鬆和呼吸。很有可能你會覺得全身鬆懈。微笑，這表示本源能量確實回應了細胞的要求。你現在感受到療癒的力量。不要想辦法去加強或推動。只要放鬆，好好呼吸，用隨順的態度面對。

如果躺下後感到疼痛，作法依然不變。然而，把下列事項納入你的清單或許會有幫助：

・疼痛的感覺表示本源回應了細胞想要能量的要求。
・疼痛的感覺表示你會馬上得到協助。
・我會放鬆，接納疼痛的感覺，因為我知道疼痛表示情況改善了。

可以的話，放心睡吧。你知道一切都很好，請微笑以對。保持呼吸，放鬆全身。相信情況已經開始改善。

■**體能退化的情況**：我擔心自己的身體愈來愈差。我本來活力十足，現在卻有氣無力的，連我喜歡的事情都沒有精神做。我覺得這裡痛、那裡痛的，走路的時候膝蓋也會痛，我再也不敢去跑步了。我很怕我的身體會垮掉。我很擔心。

・我是血肉之軀，我的身體會發出振動。
・我的外表和感受都是振動的結果。
・我的身體就是現在這個樣子，沒有什麼問題。
・我的身體會一直改變，沒有關係。
・我發出的振動會影響身體的變化。
・體能衰退是振動的關係，不是因爲年紀。
・即使年歲老去，也有可能改善振動。
・體能衰退並非自然的過程，也並非每個人都會衰退。
・我不需要經歷體能衰退才能了解這個道理。
・只要我願意，隨時隨地都能證明這個道理。
・振動改變了，並不會立刻展現出有形的成果。
・振動改變了，會立刻感受到情緒的變化。
・改變振動，保持這樣的改變，就會看到證據。
・我願意改變振動，等待有形的證據出現。

- 情緒好轉就是最佳的證據。
- 找到正面的期望，持之以恆，實在太棒了。
- 我能感覺到自在的感受對我的身體很有益處。
- 我能感覺到有形的身體非常穩定。
- 我能感覺到能量平衡後，帶給我更強的生命力。
- 我能感覺到我的能量將要恢復平衡了。
- 我能感覺到我的身體非常享受能量平衡。
- 現在一切都很好，也會持續變得更好。

花一點時間專注改善你對有形身體的感受，實際的狀況就會跟著改善。狀況改善後，用調整過的思維加以引導，看看結果怎麼樣。別忘了，先有振動，才會有體驗，在有形的證據出現以前，創造早已完成了百分之九十九點九九。

把注意力放在你的情緒旅程，體驗改善後的成果，有形的行動旅程一定也會跟著改善。這就是法則，毫無例外。

# 四十三、運用情緒引導量尺升級法

情緒引導量尺升級法非常有效。當你發現自己感受到強烈的負面情緒時，要找出是什麼樣的（感覺）情緒讓你不舒服，也就是透過意識去思索，是什麼讓你覺得煩惱，直到確切找出你正在體驗的情緒。

不論你體驗到什麼樣的情緒，都可以運用情緒引導量尺升級法；在你覺得特別糟糕時，這個方法特別有幫助。

想想情緒引導量尺的兩端，你可以問自己：我覺得充滿力量？還是力量全失？雖然確切的感受或許跟這兩種情緒不太一樣，但你應該能辨別你的情緒狀態是傾向哪一端。如果你的答案是很無力，就能縮小情緒的範圍。換句話說，你要問自己，這個感覺比較像無力，還是氣餒？比較像無力的話，再進一步縮小範圍：感覺比較像無力還是擔憂？繼續下去（沒有固定的對錯），最後你就能正確找出對於眼前的情況，你到底有什麼樣的感覺。

一旦找到你在情緒引導量尺上的位置，接著就要努力找到好的思維以抒解你所感到的不快。大聲說出或寫下你的思維，能幫助你解釋目前的感受。在陳述時，要專注意念才能抒解情緒，如此一來便能逐漸消除抗拒，然後在振動量尺上慢慢升級到感覺更好的地方。別忘了，感受改善了，表示釋放了抗拒，釋放了抗拒，才能進一步隨順你眞正想要的願望和體驗。

利用情緒引導量尺，找出你目前的情緒，再試著提出一些陳述和想法，讓你能夠進入抗拒程度降低後的情緒狀態。以下是你的情緒量尺：

一、喜悅／知識／活力／自由／愛／感激
二、熱情
三、熱切／渴望／快樂
四、正面的期望／信念
五、樂觀
六、滿懷希望
七、滿足
八、厭倦

九、悲觀
十、挫折／惱怒／不耐煩
十一、不知所措
十二、失望
十三、懷疑
十四、擔憂
十五、責怪
十六、沮喪
十七、憤怒
十八、報復
十九、恨意／狂怒
二十、嫉妒
二十一、沒有安全感／罪惡感／缺乏價值
二十二、恐懼／哀傷／憂鬱／絕望／無力

要記住，從你目前的振動點無法一口氣跳到距離很遠的情緒點，因此要想辦法改變起點，就算每天只有進步一點點也好。

如果你感受到的負面情緒很輕微，就能在情緒引導量尺上快速升級。如果你感受到的負面情緒是最近才開始的，也能在情緒引導量尺上快速升級。如果你體驗到非常嚴重的問題，或者你已經困擾了很多年，可以想像或許你要花上多達二十二天的時間才能在情緒引導量尺上有所移動。每天都要選擇比前一天更好的情緒，就算花了二十二天從無力移到充滿力量，和多年來一直感受到哀傷、沒有保障或無力比起來，這二十二天其實一點也不長。

現在你明白了，目標很簡單，就是要找到感覺更好的情緒。而我們期望，這個作法能釋放困擾你多年的負面情緒。慢慢釋放你在不知不覺中累積下來的抗拒，就能看到生活體驗也慢慢改善了……生活中所有困擾你的事物都會出現變化。

■**父母過度干涉的情況**：我離家十多年了，但我媽還是認為她得告訴我該做什麼，所以我一直避著她，因為我不喜歡別人指使我。結果她很生氣，情況反而更糟糕了。我們碰面的時候，她對待我的方式就像我是個生活白痴。我想要糾正她。我覺得很生氣。

- 不論我做什麼，我媽都不高興。（無力）
- 我不想跟她見面，但避著她又讓我充滿罪惡感。（內疚）
- 媽媽總是對我很失望。（沒有價值）
- 我做什麼都無法取悅她，她總能挑出我的毛病。（沒有價值）
- 我討厭跟她碰面。（怨恨）
- 跟她見面後，我要花上好幾天的時間才能復原。（怨恨）
- 我想要到離她很遠很遠的地方，再也不要見到她。（仇恨）
- 要是我就這麼消失了，不知道她會怎麼想。（仇恨）
- 或許她會想念我，想到我也有一些優點。（仇恨）
- 或許她會很高興我終於消失了。（憤怒）
- 她得另外找一個人來供她數落。（憤怒）
- 我並沒有想去哪裡，但我眞的很想離開她。（沮喪）
- 我希望我能找到一個離開這裡、離開她的方法。（沮喪）
- 我不應該逃避。（責怪）
- 媽媽應該要鼓勵孩子，而不是讓孩子想要逃開。（責怪）
- 我希望她能夠改變。（失望）

- 朋友的媽媽跟我媽很不一樣。（失望）
- 我們的關係不論在什麼層面上都有問題。（不知所措）
- 我不知道該從什麼地方開始解決問題。（不知所措）
- 接受了十年的治療，依然沒有幫助。（不知所措）
- 她一點也不肯努力。（氣餒）
- 她覺得我們的問題其實都是我的問題。（氣餒）
- 她認爲她永遠是對的，一切都是我的錯。（氣餒）
- 她就是那樣，我不相信她會改變。（悲觀）
- 她根本不懂我的想法。（悲觀）
- 我不認爲她會想要了解我的看法。（悲觀）
- 我必須承認她一直以來都是這樣。（厭倦）
- 改變她並不是我的責任。（滿足）
- 覺得她很難纏的不只我一個人。（滿足）
- 或許等我們都老了，會覺得對方比較容易相處。（充滿希望）
- 或許我可以想辦法自處，不去在意她的想法。（充滿希望）
- 或許過了一段時間，她會了解我的看法。（充滿希望）

．或許過了一段時間，我會了解她的看法。（充滿希望）
．或許過了一段時間，我們兩人都不會覺得對方很討厭。（充滿希望）
．我眞的很想好好愛我媽媽。（充滿希望）
．我希望她也愛我。（充滿希望）
．我知道她確實愛我。（充滿希望）
．我知道她以為她在幫我。（充滿希望）
．她也是出於一片好意，只是用錯了方法。（樂觀）
．我應該要放下。（樂觀）
．如果能放下，感覺一定很棒。（渴望）
．我希望不要再受這件事情困擾了。（渴望）
．我各方面的生活都很美滿。（熱切）
．我的日子其實過得很不錯。（熱切）
．停下腳步看看，我覺得我過得很好。（熱切）
．我喜歡快樂的感覺，因為我是個快樂的人。（快樂）
．我知道我應該要覺得快樂。（充滿力量）
．我希望在各方面都能感到快樂。（充滿力量）

・不論如何，我有能力感到快樂。（充滿力量）
・讓我覺得快樂並不是媽媽的責任。（充滿力量）
・我無法改變我媽對事情的看法。（充滿力量）
・我可以控制我的看法，也可以控制我對她的看法。（充滿力量）
・媽媽生下我，給我很棒的身體和美好的生活體驗。（感激）
・願上帝保佑我媽。我值得她的信任。（愛）
・我熱愛生命，我很珍惜生活的體驗。（感激）
・我知道我很不錯。我知道我有價值。我真的知道。（知識）
・一切都很不錯。（知識）
・我覺得很高興。（喜悅）
・我有很多想做的事情。（喜悅、熱情、渴望）

■**財務保障的情況**：我跟我先生工作了一輩子。我們對錢一直很謹慎，因爲我們知道總有一天要退休，所以存了一筆錢養老用。我們的兒子是股票交易員，他建議我們把錢交給他投資，才能存到足夠的退休金。於是我們把錢交給他了，結果現在一毛不剩，這輩子的辛苦全部煙消雲散。我眞不知道我們能不能退休。我覺得很擔心。我好沮喪。我怪罪自己。我很生氣。我覺得沒有保障。我好害怕。

- 我們的存款沒了，也沒辦法再存到那麼多錢。（恐懼）
- 花了一輩子存下來的錢，幾天就泡湯了。（哀傷）
- 剩下的時間不足以存夠我們的退休金。（沒有保障）
- 我們的錢賠光了，有人卻變得更有錢，眞不公平。（怨恨）
- 我希望市場崩盤，他們也輸得精光。（仇恨）
- 這麼多人受到影響，實在令人憤怒。（憤怒）
- 政府應該要提供合理的保障，別讓這種事情發生。（沮喪）
- 實在不應該信任那些提供意見給我兒子的人。（責怪）
- 他們是內行人，我們應該要更小心才對。（責怪）
- 他們只在乎自己的獲利。（責怪）
- 他們其實不在乎客戶的權益。（責怪）
- 我希望兒子能及早認清市場的眞相。（擔憂）
- 根本沒辦法保護自己不要碰到這種倒楣事。（懷疑）

- 我們眞的很希望退休後能過得舒舒服服的。（失望）
- 要做的事情好多，剩下的時間卻不多了。（不知所措）
- 到了我們這把年紀，實在不應該陷入這種處境。（惱怒）
- 沒有人能提出適當的解決辦法。（氣餒）
- 我猜大多數人可能就放棄了，認命接受現狀。（悲觀）
- 我們的處境比大多數人好很多。（滿足）
- 我們已經還完房貸，房子住起來也很舒適。（滿足）
- 不論發生什麼事，我們都可以住在這裡。（滿足）
- 我們都很喜歡有事情做的感覺。（滿足）
- 人生還有很多我們沒想到的可能性。（充滿希望）
- 我們存錢的速度還滿快的。（樂觀）
- 或許會發生什麼好事，改善我們的情況。（樂觀）
- 雖然現在看不到出口，未來或許會有驚喜發生。（樂觀）
- 我們以前也努力過，下定決心就能看到好的成果。（正面期望）
- 我們還不至於完蛋了。（正面期望）
- 雖然存款沒了，經驗和人脈還在。（信念）

・累積經驗，我們會更有力量，看得更清楚。（正面期望）

・看看未來會發生什麼事，其實也挺有意思的。（熱切）

・我們的力量會讓自己也大吃一驚。（渴望）

・我們確實比以前更有決心，更充滿活力。（渴望）

・我感受到全新的力量在體內滋生。（充滿力量）

・我期待看到未來的各種可能性。（熱情）

・我知道一切都會沒問題的。（知識）

・問題總會找到解答。（知識）

・我們一向都很幸運。（感激）

**■衝突和饑荒的情況**：整個世界亂七八糟。好多戰爭，好多衝突，好多人在受苦……

我不懂爲什麼我們擁有先進的科技和豐富的資源，卻還是有這麼多人在餓肚子。我們應該早就能找出更好的方法了。我覺得很洩氣。我想要指責別人。我很生氣。

・我們擁有能餵飽全球人口的科技，爲什麼不好好利用？（憤怒）

- 我有一點閒錢可以捐出去，但我不相信善款能送到需要的人手上。（沮喪）
- 那些有權有勢的人應該要負起更大的責任。（責怪）
- 好多人在受苦。（擔憂）
- 饑荒處處，卻看不到有人想辦法改善。（懷疑）
- 人類文明走到現在，應該已經無法再進步了。（失望）
- 好多人需要幫助，我們卻毫無對策。（不知所措）
- 我們眞的應該要團結起來。（氣餒）
- 我覺得大家都漠不關心。（悲觀）
- 反覆思索這個問題讓我覺得好累。（厭倦）
- 一定有人已經想到了好方法。（充滿希望）
- 我找到對的想法就會有所改善。（樂觀）
- 雖然經濟有衰退的時候，但大多數時候我們過得還不錯。（樂觀）
- 我們的生活持續改善，其他國家的人也會經歷同樣的進步。（正面期望）
- 我希望全世界的人都能愈過愈好，活得很快樂。（渴望）
- 我想到處旅行，親身體驗這個令人驚奇的世界。（熱切）
- 我相信幸福才是這個星球上最強的動力。（渴望）

．我希望能成為美好生活的典範。（渴望）
．我愛我的國家，我愛我的生活。（感激）
．了解到我能自主思考，控制自己的生活，感覺真的很不錯。（喜悅）
．知道我們有能力創造出自己選擇的生活，感覺眞好。（知識）

♀

■**環境的狀況**：我很擔憂地球快要被人類毀滅了。空氣愈來愈髒。水也有毒不能喝。死掉的魚愈來愈多；冰帽融化變小。我想要責怪別人。我很生氣。我覺得沒有保障。我好害怕。

．我不希望人類的行為造成地球毀滅，但我能做的很有限。（無力）
．要是因為人類的無知或貪婪而毀了地球，該怎麼辦？（恐懼）
．研究顯示工業排放廢氣有害人體，立法者卻讓他們繼續危害地球。（盛怒）
．政治人物應該為他們的行為負責。（仇恨）
．政治人物判斷錯誤理應要接受懲罰才是。（仇恨）
．他們接收到所有資訊，卻不改變作法。他們怎麼還能安眠呢？（憤怒）

- 這些人都一個樣。（沮喪）
- 政府官員貪汙腐敗，選民自大無知。（責怪）
- 我們已經走上滅亡的道路。（擔憂）
- 我看不到改善的徵兆。（懷疑）
- 過去我以為政府領導者都很有智慧。（失望）
- 需要改革的事物好多。（不知所措）
- 大家都明白需要改革，但沒有人肯站出來。（氣餒）
- 只要能滿足自己的利益，大家似乎就滿意了。（悲觀）
- 那些政客說的話我已經聽到都厭煩了。（厭倦）
- 或許我只要管好自己的事，過自己的生活。（滿足）
- 或許情況會有所改善，或許並沒有我想像的那麼糟。（充滿希望）
- 地球幅員遼闊，也存在很久了，一定有其穩定的模式。（樂觀）
- 經驗讓我們不斷改變行為模式，變化也會持續下去。（正面期望）
- 我滿心期待能親自發掘地球之美。（渴望）
- 我把想造訪的奇景勝地都列出來了。（渴望）
- 這是一個最好的時代，旅遊探險非常便利。（感激）

- 想要的話，我今天就可以買一張機票，前往我想去的地方。（自由）
- 我們活在一個非常美好的時代。（喜悅、知識）

**■公民自由的情況**：我覺得個人自由正在快速消失。我們的政府似乎瘋了，表面上說是爲了「公眾利益」著想，私底下卻利用暴力的策略來解決問題。有人考慮過我的利益嗎？有人考慮過民眾的利益嗎？這些人瘋了。我知道這絕對不是開國元老們眞正的想法，我想他們的英魂現在無法安息了。我覺得很失望。我很生氣。我很不安。我很傷心。我覺得好無力。

- 我們怎麼會讓這些人執政呢？（無力）
- 眞無法想像他們會爲自己可笑的行爲找什麼藉口。（無力）
- 我不明白社會大眾爲何沒有群起抗議。（絕望）
- 沒有遠見的人卻握有大權，眞的很可怕。（沒有保障）
- 怎麼會有人對生活如此盲目，如此毫不在乎？（盛怒）
- 他們怎麼能在做出這種錯事以後還裝作若無其事？（盛怒）

・希望有一天他們能清楚看到自己造成的傷害。（仇恨）
・我希望這些人也親自體驗受苦的滋味。（仇恨）
・有見識的人想要改變現狀，結果反而落選了。（憤怒）
・沒有人有意願或有能力站出來行俠仗義。（沮喪）
・腐敗的行爲滲透了我們的政治體系。（責怪）
・我們太晚發現這些人的眞面目了。（擔憂）
・他們不肯信守諾言。（失望）
・這團疑問似乎永遠無解。（不知所措）
・有誰聽到群眾的怒吼？（氣餒）
・大眾沒有遠見且太容易滿足，或者他們根本不在乎。（悲觀）
・他們對我個人的影響其實並不嚴重。（滿足）
・歷史告訴我們，物極必反，局勢一定會扭轉的。（充滿希望）
・一定有聰明的人懂得從經驗中汲取教訓。（樂觀）
・經歷難關才能誕生偉大的領袖。（正面期望）
・現在的年輕人頭腦愈來愈清楚，也更有力量了。（正面期望）
・和前面的世代相比，未來的世代有更純粹的心靈和更清澈的看法。（正面期望）

・從宏觀的角度來看，地球上的生活其實愈來愈好。（正面期望）
・數十億人口說出他們的喜好，這就是全世界一起發出的願望。（渴望）
・本源會回應個別和集體的願望，相較之下政治根本不算什麼。（充滿力量）
・沒有人能夠左右我的體驗。（充滿力量）
・我的體驗由我創造。（充滿力量）
・專注意念便可以按自己的選擇來體驗快樂或難過。（充滿力量）
・透過我的選擇，我發出的振動將符合我所產生的吸引力。（充滿力量）

# 四十四、身體力行，價値立現

閱讀我們提供的作法後，我們要你明白，身爲自主的創造者，你最重要的工作是：**讓你的能量符合願望的振動**。從我們提供的範例，以及你所體驗到的例子來看，感受到負面情緒時，只代表一個意思：你心中有個願望，但你抗拒這個願望，不讓願望實現，因爲你目前發出的振動和你的願望互相牴觸。而我們提供上述種種方法，便是要說明如何消除牴觸的振動。

在閱讀的過程中，很有可能你不同意我們的說法，你認爲我們提供的作法無法解決問題。你說：我不懂這個作法如何能停止冰山融化……或眞的能讓我的鄰居把屋前的爛車處理掉……

但不要忘了你眞正的使命：讓最活躍的振動（信念）和願望及目的之間的能量保持平

衡。在你的能量尚未平衡前，就想要鄰居把爛車處理掉，是絕對不可能達成的。政府的作爲、母親的態度、冰山是否融化，都無法決定你能不能快樂。你必須控制願望和信念之間的振動關係，才能自主創造，才能有效達成目標，活出喜悅。

不要低估能量平衡的力量。各行各業的大師，以及過去和現代文明的創意天才，都找到了相符的能量……光是說「相信你的夢想」，不等於你所發出的振動符合夢想，那還差多了。口中說出的話不是產生吸引力的關鍵——你的振動才是。

用心實踐這些作法，讓你的振動符合願望，然後你就會看到效力——在實踐的過程中，你也會充滿力量，滿心喜悅的自主創造出個人的體驗。

# 四十五、看見證據前，創造已經完成了百分之九十九

你現在已經明白，你的體驗由你吸引，你的體驗由你創造，只有你才能吸引或創造你的體驗。我們相信你現在已經比從前更清楚該如何創造，因爲你知道你會持續發出振動的信號，也就是產生吸引力的關鍵。

我們希望你也察覺到你的情緒引導系統，這套系統能標明你當下的思維和願望之間的振動是什麼樣的關係。你可以確切感受到更靠近或更遠離你想要的東西，也能感覺到更靠近或更遠離不想要的東西。

我們很高興你已經明白，或至少開始了解到，每一趟從目前的位置到實現願望的旅程，都可以被量化。成功滿足願望的旅程再也不會讓你覺得困惑或混亂，因爲清楚的情緒信號會引導你走上正確的道路，實現你的願望。

每一天都充滿了令人興奮、耐人尋味、引人深思的時刻，不論你是否有自覺，你都會發出投射到未來的振動信號，而你一切的體驗便是由這些信號所決定。所有的生活體驗——各種環境、各種事件、遇見的每個人——都來自你的思維、奇想、深思、回憶、觀察、思量和想像……事實上，你思，故你在。

我們非常高興，你現在明白了清楚意識到自己的情緒有多麼重要，因爲在你回憶、深思、觀察或想像時，情緒能幫助你了解你未來要經歷的體驗是否能讓你覺得喜悅。在看見實證前，其實創造已經完成了百分之九十九，所以若能透過情緒去了解你目前的思維方向是否正確，對你來說非常有益。

利用情緒引導系統，即使令你覺得開心的事物尚未出現，你也能把思維轉向這些東西。如果要等到它們出現了才能導正思維的方向，那就更困難了，因爲一旦不想要的東西出現在你的體驗中，你就很難把注意力放在你想要的東西上。

**當你承認在這個時刻，你正創造出將會出現在你體驗中的事物，你便能自主將你的思維導向令你覺得愉快的想法……未來會出現的體驗將充滿讓你感到欣喜的事物。**

我們寫這本書是爲了幫助你透過意識去察覺到你正在創造的事物，儘管在此時你可能還看不到創造的成果。我們不認爲你會故意選擇把癌症、車禍、金融危機或離婚帶入你的體驗，只是因爲你沒有察覺到自己常常想到這些事，所以當不想要的事物出現時，你總會大吃一驚。有時候眞不知道從何而來，但萬事皆有因果，不會突然出現。在你發出許許多多相符的想法後，事情才會發生。

現在，讀了這本書以後，好事或壞事發生都不會讓你覺得驚訝，因爲你再也不會在不知不覺的情況下，把注意力放在某個思維上，然後感受到對應的情緒指出你更靠近或更遠離你想要的東西。你已經清楚現在和未來的創造之間具有什麼樣的振動關係。

你會有熱情、喜悅、欣賞和愛這一類的感受，是因爲你覺得自己充滿了力量和自由。情緒引導量尺的另一端則有憂鬱和恐懼，你會有這些感受，是因爲你覺得自己缺乏力量，處處受限。但現在你再也不會失去力量，因爲你已經有了智慧。

你明白了，你能夠滿心喜悅的享受你想要的事物，而且非常豐足；唯一的阻礙，就是你發出的振動，它有可能讓你愈來愈遠離你想要的東西。

你明白了，那些美好的情緒會幫助你確立人生的路線，以感覺愈來愈好的情緒作爲引導，就能把願望的振動發射到未來，令你感到愉悅的創造也會源源不絕的出現。

發現挫折的感受愈來愈強烈，或開始感到不耐和憤怒，你可以停下來，面對自己，好好思索：我把什麼投射到了振動暫存區裡？是否應該先停下來，重新導正自己的思維，讓有可能展現出來的體驗改變路線？還是應該任由思維隨處亂走，按著吸引力法則，面對失控游移的思維帶來的結果？

雖然你隨時都能扭轉局勢，即使眞正體驗到了什麼也有機會逆轉，但我們仍然鼓勵你在不好的振動剛成形時，就想辦法掉頭，因爲這個時候要改變容易多了。更重要的是，我們要你想想在眞實生活體驗中，數百萬個很棒、很快樂、很不錯的時刻。

當然你會親自去體驗。不論好壞，那個時刻一定會到來。不論你想不想要，一定得面對。你活在當下，你的情緒出現在當下，你的感覺也在當下。引導思維來改善當下這個時刻，你自然會看到更好的體驗展現出來。

站在無形的制高點，我們看著你的生活揭開序幕，你非常享受……如果你能從我們的角度看到你的未來，你會發現在這個特別的時刻，想要跟不想要的東西已經成形，準備進入你的生活。今天、明天、後天，你都會將更多的思維和更多的振動納入已經成形的事物，累積至實現。所以請趕快跟你美好的情緒引導系統達成一致，才能察覺到你正要創造出什麼樣的體驗。

你進入這個有形的身體，專注於這個時空實相，因爲你熱愛創造。你利用自主的力量來影響創造世界的能量，宇宙中再也沒有比這更令人滿足的事了。

你來到地球上，並非爲了修補破碎的世界，因爲你的世界完好無缺。

你來到地球上，並非爲了幫助那些發現自己走錯路的人踏上正途。

你來到地球上，並非爲了以行動去贏得其他人的讚賞。

你來到這些光彩奪目的對比中，感受到個人的喜好成形，內心無比激動。你明白你能夠感覺到願望和想法之間的振動關係，也期待這兩個振動點的能量達成平衡。

你來到這裡，滿心喜悅看著新的願望誕生，能量平衡的過程也讓你興奮極了。

沒錯，你很期待看到你的創造展現出來。不論創造了什麼，當它出現時你的興奮感受只會短暫存在，很快它就變成發射下一次創造的跳板，然後還有下一次的創造。從有形或無形的制高點來看，重點在於你的生活在展現出來之前，早已完成了百分之九十九的創造。

今天，不論我要往哪裡去，不論我做什麼，不論我利用什麼樣的方法……重點都是保持良好的感受。我要尋找我想看到的事物。我的實相由我創造。

我要從我的思維中，找到讓我感覺最好的想法。

思維不斷產生，種種感受不斷浮現，我要專注讓內心的振動符合我的願望。

我會感覺到自身存在的眞實振動，我會引導所有思維達成一致的振動頻率，因爲那才是眞正的能量平衡。

# 四十六、專注意念的驚人力量

由於你希望了解自己本來的面目，以及自己在宇宙間的地位，所以我們寫了這本書。你也想了解這樣的生活體驗有什麼目的，以及如何在有形的身體內完美實踐來到這個世界的理由。

我們要你記得，你是永恆的創造者，來到這個領先的時空，體驗宇宙充滿喜悅的擴展。我們要你記得你的價值，了解你爲何值得讚賞，並熱愛你的生活。我們可以感覺到你的意念充滿神奇的力量，你想了解如何自主創造出自己的實相，你也確實召喚我們前來幫助你記得你的本來面目，以及你已經擁有的知識。

和本源達成一致的振動頻率，再也沒有比這個更重要、更令你滿足的事。除了察覺到本源的能量，你也要用心與本源達成一致，才能感受到終極的喜樂。這就是能量平衡最眞實的意義，也是最重要的生活體驗。

當你的振動和本源完全相符時，創造世界的能量流也會把焦點放在你關心的事物上。振動一致的力量無法用言語形容，但是你可以感覺得到。當你感受到喜悅、愛、興盛和熱情，你就能體驗到振動一致的力量。

如果你學習亞伯拉罕的教誨一段時間了，或者你讀完了這本書，你應該已經學會了很多不同的作法。你不需要每個方法都去嘗試，因爲這些作法只有一個目的，它們也都充滿力量。**在你運用這些作法時，你的振動會變強；在你運用這些作法時，你的振動會更貼近本來的面目。你覺得獲得抒解了，這表示你釋放了抗拒。每個作法都能幫你平衡能量；每個作法都能拉近目前的位置和目標之間的距離。**

運用這些作法時，不要讓自己覺得很辛苦。選擇最吸引你的方法，覺得好就一直實踐下去。然後再試試另一個作法，以此類推……重點在於不要忘記在任何時刻，感覺愈好表示你愈貼近本源跟願望。良好的感受才是最重要的。

我們希望這本書能幫你脫離桎梏，脫離覺得自己沒有自由的想法，因爲唯一眞正存在的束縛，就是無力的**感受**。如果你的振動不符合能量，你就會覺得無力，而只有你才握有達成振動一致的鑰匙。沒有人能從你手裡奪走它。只有你能抓得住這把鑰匙。

你的任務，唯一的任務（但要持續執行，因爲永無完成的一天），就是要持續察覺到此刻的思維和內在自己的觀點之間有什麼樣的振動關係。

內在的自己知道你有什麼願望和夢想，也把注意力放在你的願望和夢想上；當你的專注力失焦了，就會感到抗拒。內在的自己知道你的價值和好處；當你把焦點放在其他不好的地方，就會感覺到抗拒。內在的自己期待你會成功；當你失去期待，就會感覺到抗拒。內在的自己喜歡不斷擴展的過程；當你失去耐心，就會感到抗拒。內在的自己知道你會永恆存在；當你覺得時間快不夠了，就會感到抗拒。內在的自己知道你的創造力沒有極限；當你覺得被貶低了，就會感覺到抗拒。內在的自己敬重其他一同生活在地球上的人；當你挑他們的毛病，就會感到抗拒。內在的自己知道大家都能利用同樣的力量；當你得爲其他人的生活負起責任，就會感覺到抗拒。

從我們提供的作法中選擇一個去做，別忘了，要讓你的振動頻率與本源的振動頻率相符。玩玩看，不要太僵化，照著自己的意思去嘗試，不要評判結果。不論主題是什麼，不論它來自過去、現在或未來，都要下定決心，以讓自己感覺最好的方式去處理這個主題，脫離你現在的位置。下定決心後，你的生活立刻會轉到新的方向，而且愈來愈好。

聽到許多人的願望後，我們寫了這本書，想幫助你了解下列這些最重要的事項：

・你會發出振動，你的重要性無人可比，你住在一個振動的宇宙裡。
・宇宙的振動由強大的吸引力法則管理得盡善盡美。

- 你會持續發出振動，無法停止。
- 吸引力法則讓你能夠體驗到發出振動的效果。
- 看著周圍的人便會影響你發出的振動。
- 觀察自己的生活體驗也會影響你發出的振動。
- 大多數人發出的振動是為了回應他們所看到的事物。
- 你發出的振動就是你所產生的吸引力。
- 你心中所思、你所發出的振動和你的生活，三者一定會相符。
- 投入愈多注意力在某個思維上，這個思維在你的振動中就占有主導地位。
- 你的生活體驗跟你的思維有關。
- 你的實相由你創造。
- 只要把注意力放在某個事物上，就能從內心發出相關的振動。
- 愈是專注於某個思維，這個思維在你的振動中就愈活躍，直到變成主導的思維，或者變成你所產生的吸引力。
- 這些主導的思維將變成你生活體驗的基礎，也就是你的信念。
- 信念只是一直縈繞心頭的思維。
- 透過體驗、觀察和專注意念，你便能夠吸引你想要的東西。

- 在看到有形的證據之前，創造已經完成了百分之九十九。
- 未來有可能出現的東西都來自你不斷思索的想法。
- 有些東西出現後會讓你覺得很開心，有些則會讓你覺得不愉快。
- 在證據出現之前就改變振動方向，朝著你想要體驗的事物前進，會比之後再扭轉來得容易。
- 很多你想要的東西已經進入了不同的階段，等著你去體驗，而你的情緒引導系統會幫你朝著想要的東西邁進。
- 若不想要的東西正要進入你未來的體驗，你一定會找到方法去消除相關的振動。
- 消除不想要的振動，等於發出想要的振動。
- 你無法同時針對想要和不想要的東西發出振動。兩者無法並存。情緒能清楚指出你的專注焦點放在哪裡。
- 你必須察覺自己的情緒，量化每一趟旅途，才能朝著想要的結果前進。
- 你是純粹、正面的本源能量，專注於這個有形的身體上，想要從對比中獲益，因爲對比能幫助你決定和確立個人的喜好。
- 不論什麼時刻都要找到令你感覺最好的思維，如此就能改善當下的思維和本源之間的振動關係。

- 你的實相由你創造。感受到流入意識的情緒，承認情緒對你有多麼重要。
- 不論情緒給你的感受是好是壞，是溫柔是強烈，請微笑接受，因爲你感受到了情緒，也明白情緒的含意。你知道情緒指出你的振動是否貼近本源和願望。
- 不管在什麼時候、什麼地點、什麼情況下，你都可以選擇讓情緒更好的思維，改善有形的你和無形的你之間的振動關係。
- 你就是一股能量。
- 你的本源也是一股能量。
- 隨時察覺能量之間的振動關係。
- 平衡能量可不像念大學，拿到學位後就一輩子是你的。此時此刻，能量或許平衡，或許不平衡。你可以感受到自己的振動頻率是否與本源符合，是否達成平衡，是否連接到本源，是否隨順自己回歸本源。
- 你就是本源能量，進入這個有形的身體裡，你的生活應該要充滿喜悅。
- 你很有價值。你受到祝福。你是創造者。你在這個領先的思維中體驗擴展帶來的喜悅，承諾你將永生不息。
- 你無法完成任務。永遠無法完成！
- 你一定有修正的機會，因爲任務永遠不會結束。

♀

我們知道你的生命充滿價值。我們知道你不會受到現在處境的束縛，我們明白你可以走上自己選擇的道路。如果你不喜歡目前的樣子，並因此充滿罪惡感或責備自己，你的未來也不太可能變好。但如果你能放下不自在的感覺，試著改善你的感受，你的振動頻率就會出現變化，吸引力法則會不斷提供動力，在很短的時間內，你就能達成目標。輕鬆以對。用愉快的態度面對。每天對自己說，**再也沒有什麼比讓我感到快樂更重要的事了。我覺得愈快樂，愈能夠隨順，美好的生活體驗就愈是流向我。**

你擁有無盡的愛。

現在，這本書也該劃下句點了。

[附錄]

# 亞伯拉罕現場文字紀錄 問答時間

*Abraham Live: Questions and Answers*

本篇為「隨順的藝術工作坊」的文字紀錄（經過些微編輯以便閱讀），工作坊於二〇〇五年一月八日星期六在佛羅里達州的坦帕舉辦。

**亞伯拉罕**：大家早。我們很高興看到各位來參加。為了共同創造而聚在一起，真不錯，對吧？你知不知道你有什麼願望？你是否享受自身願望的進展？想到未實現的願望是否讓你心頭一顫？「噢，沒錯，尤其是還沒滿足的願望。」

我們非常期待這一次的工作坊……我們可以感覺到工作坊進入了你的振動，在蒼穹間開展，即將成為你未來的體驗。我們幾乎可以聽到你說：**我是永恆的存在**；也就是說：**永遠沒有完成的一天**；也就是說：**對比會繼續為我提供新的喜好**；也就是說：**本源能量會繼續回應我內心生出的喜好**；也就是說：**總會有願望尚未展現出來，肯定如此。如果我是永恆的存在，那麼一定還有尚未實現的願望**。

我們要你跟上述想法合一。我們要你明白你想要某些東西，卻不知道該如何實現、何時才能實現、何處可以實現，或者誰能助你一臂之力。當你自在的接受了生活體驗永遠不會結束，就能過著來到地球之前就想要過的生活：喜悅的擴展，永遠沒有盡頭。

有時候我們聽到你說**完美**這個詞，聽起來（或者可以從你發出的振動中感覺到）彷彿你認為你能實現清單上所有事物，然後生活就很完美。你認為，「一旦所有情況都讓我覺得很愉悅，生活便很完美。」我們說，那時候你也死了。並不是說你眞的死掉了；我們所謂的死亡並不是你們認定的死亡。我們的意思是完了，也就是和永恆的存在相反。

當你明白你是永恆的存在（即便在這個有形的身體裡，在這美好的時空實相中），當體驗在你心中引發了新的願望，如果你能覺得自在，了解這是必定的道理，享受一切都尚未完結的這個事實，期待一切出現在你眼前，那麼你就達成了平衡。

當我們提到能量平衡，當我們說和自身達成一致，當我們說跟你本來的面目享有相同的振動頻率，當我們提到信念要符合願望的時候——我們其實在說，用你的情緒幫助你達成振動和諧。能夠做到的話，你的電路便完全打開了。

電路全開後（連到本源的電路），**你一定會活得更自在**。你的腦袋清楚，你的根基穩固，你覺得很不錯，體驗到的一切都美妙無比。你回到進入這個有形身體之前的存在，你就是進入這個有形身體的存在。你是領先的存在，你的體驗領先一切，調整好頻率，接上了線路，連到你的本源能量，而且你的本源能量也跟著你一同擴展。眞不錯，不是嗎？

我們要幫你辨別你是否和你的願望達成一致的頻率。我們會讓你看到，不必費什麼力氣就能察覺到你的振動是什麼模樣。然後你要採取什麼行動，就看你自己了。

這就是**隨順的藝術**，我們非常喜歡這個說法。隨順的藝術是我們爲工作坊定的主題——隨順自己，連結到本源。就是這個意思。並不是忍耐或容忍可怕的事物。這門藝術是：**找到達成振動一致的方法，此後不論周遭發生什麼事，我都能活得充滿喜悅。意思是說：尋找正面的事物，在筆記本上寫下讚賞的事物，力求愉快的感受，和本我達成一致的振動頻率。一直讓自己跟本來的面目保持相同的振動**。因此，即使對比會進入我的體驗，即使我或許會對未來投射很多問題，但只要我一投射問題（其實就是發出請求），解答就會出現。

你將愈來愈能夠把難題或問題投射到未來，而答案很快就會出現——事實上，答案可能會跟問題同時展現出來，所以你根本沒發覺問題。這就是創造的極致，對比一直產生更好的新體驗，在你還沒發現之前，創造其實已經完成了。

要與問題共存，盡快找出你想要或需要什麼樣的知識，以及你想體驗什麼——情況和事件都已經安排好了，只要你發出願望，你想要的就會進入你的生活體驗。

這是一生的藝術，永遠無法完成。過了這一世，你下一世還會回來體驗這樣的喜悅，而這麼做並不是因爲你想要爬到某個高度，不是因爲你要得到高分，不是因爲你希望達到某個階級，也不是因爲你想要成就完美。你是熱愛創造的創造者！我們要告訴你，再沒有什麼地方或時刻比當下這個時空實相更加美妙。對比無所不在，多樣化令人驚異。你的專注能力也達到巔峰。現在你記起了你是誰，要回歸一致，才能全然享受你創造出來的喜悅生活。

我們很想跟大家討論你們覺得重要的事情。沒有什麼禁忌的話題。美好的未來已經開展了。我們對你充滿信心。別擔心，你不想透露的，我們都會守口如瓶。我們很在意大家的隱私。

你一定要解釋一下你的體驗爲何，好讓其他聽眾能注意到你發出什麼樣的振動。不需要太深入，我們只希望能以你在意的事情爲基準，幫你平衡能量。我們要你去符合你的願望。我們要你了解所有你經歷過的體驗，你覺得好的和不怎麼好的……都會把願望發射到未來的體驗中，留待實現……爲你實現！

這些體驗都寫在你的振動中，目前留存在振動暫存區裡。等你的振動頻率符合你向宇宙許下的願望（你逐漸讓宇宙接收到願望的不同面向），宇宙就會把願望的種種面向搭配起來，完美的展現出來。有些東西是你從來沒想過會出現在未來的體驗中，但它們之所以出現是因爲願望的結合。

有句俗諺說：「小心你的願望，它有可能會成眞。」我們則想說，你想到什麼，它就會出現在之後的振動裡。問題只在於你發出的振動頻率和願望的相容程度。

很好。你想要討論什麼問題嗎？有嗎？

## 牧師從亞伯拉罕口中聽到耶穌的教誨

**提問者**：我想要感謝你們，還有傑瑞和伊絲特，謝謝你們所做的一切，效果太好了。我是地區教會的牧師，我們向教眾分享你們的教導好一陣子了。我想問一個關於信念的問題。我從書上看到，也從自己的體驗中發現，信念不過就是堅定的舊思維，一再應用，直到在心中起了作用。

**亞伯拉罕**：一直縈繞在心頭的思維。你常常發動同樣的思維，於是它變成了最主要的思維。你說得對。

**提問者**：我覺得你無法改變那些信念，不過你可以創造新的信念，以新的信念爲基礎。也就是說，如果我一切行事皆以喜悅爲本，在大多數情況下我都滿心喜悅，但偶爾我仍會以憤怒爲出發點，憤怒似乎一直無法消散，而有時候我撐不住了，就得抓著自己重回喜悅的道路。

**亞伯拉罕**：讓我們來告訴你該怎麼辦。你所發出的思維都不會消失。但你曾經發出的思維，在這個當下可能呈現靜止的狀態。就像無線電塔一直在你周圍發射出各式各樣的信號。電台信號、電視信號、手機信號，所有信號都流過來了。你不會知道周圍有多少信號，除非你打開接收器。而你的振動會打開你的接收器，讓你接收到你所吸引到的信號。

你說得很好，我們要稍作補充。你說你無法改變思維或信念，但你可以選擇不同的信念。沒錯。我們要說的是，或許你常常發出同樣的思維，而吸引力法則就會幫助你更常發動那個思維。但如果你有足夠的智慧，知道你所發動的思維其實感覺並不好，那麼你或許會選擇比那個思維感覺稍微好一點的思維。如果你選擇感覺好很多的思維，吸引力法則並無法幫你找到那麼好的思維，因為信號落差太大了；但如果你選擇稍微好一點點的思維，專注發出那樣的思維，那麼新發動的思維就會變成你的振動點，也就是信念，其他的思維則慢慢削弱了，過了一段時間，不好的思維便再也不會出現。透過意識尋找不斷改善的思維，你就可以慢慢剔除其他不想要的思維。

我們必須說清楚講明白。你無法眞的剔除思維，那只是言語上的形容。你無法剔除思維，但你可以發出其他的思維。持續發出好的思維，就更容易把注意力放在好的事情上，其他類似的思維也會跟著出現。

所以，且讓我們說你已經做到了。你成功了。整體而言，你覺得愈來愈好，好上加好。然後，一件事發生了，你已經好一陣子沒碰過這種事，你在電視上看到報導，注意力被吸引過去，導致你發出許久沒有發動的思維。但不用驚慌。你知道某件事情發生了，引發了思維，可是如果你用感覺稍微好一點的思維來取代它，你就可以轉換位置。

事實上，這就是所謂的**信念橋梁**。一次針對一個主題，找到令你感覺更好的思維，再接著找到比前一個感覺更好的思維……比方說，你發動了一百個不一樣的想法，而且多半是負面的思維，但一次一個，你慢慢讓自己覺得愈來愈快樂。現在，你可能有五十個感覺還不錯的思維，另外五十個則感覺不怎麼好。但是，一次只要一個，四十九、四十八、四十七，你不斷尋找感覺更好的思維。過了一段時間，有九十樣東西都讓你感覺還不錯，只有少數幾樣讓你覺得不開心，像是恐怖攻擊或海嘯……那些跟你個人或日常生活沒有太大關聯的大問題，只是看了會覺得有點擔心。一次只要一個，你下定決心，加以處理，再下定決心，加以處理。不知不覺中，你跟願望合體了，因爲你走完了**情緒旅程**，和**行動旅程**比起來它簡單許多，因爲在很多情況下，根本無法實踐行動旅程。現在你已經讓自己隨時都能感受到良好的情緒。

然後，問題來了：「訓練自己感覺良好和快樂後，我能不能達到不論發生什麼事都不覺得難過的境界？」我們想說，誰在乎呢？你有能力讓自己對任何境界都感到快樂。換句話說，一旦你清掉了那一百件事情，可能還想繼續清理另外一百件沒那麼嚴重的事。等你把這些也清掉了，或許還有一百件更不嚴重的事情可以清理。等你都完成了，充滿希望……滿心樂觀，或許所有事情在你眼中都是感激、喜悅和欣喜。

你的旅程沒有終點。你絕對不會想要自絕於能讓你更加專注的對比體驗。你一心追求以充滿創造力的方法控制自己的意念。我們不希望你的政府必須停止做些什麼才能讓你感到快樂。我們要你訓練自己，不論怎樣都能感到快樂。我們不希望別人對你好、不傷害你才能讓你覺得快樂；我們希望你的感覺不會受到傷害。**我們要你持續察覺到，你能改變你的感受。如果你想要，如果你能專注意念，那麼世界上發生的事情再也不會讓你感到恐懼。**

你不怕死，你熱愛生活，你不擔心別人會做出讓你不快樂的事情。你用充滿創造力的方法控制你的振動，因此你也能用充滿創造力的方法控制所有發生在你身上的體驗。

**提問者：**所以這只是一個過程？

**亞伯拉罕：**這是一個永不終止、充滿喜悅的過程。如果你的振動頻率低落，覺得恐懼、生氣或暴怒，你也不要對自己太過嚴苛。你可以說：「啊，我那快樂的**引導系統讓我知道我發出了不好的思維。沒關係。那不是母親的錯。那不是政府的錯。那只是我經歷的過程。我不喜歡我的感受，所以我要把專注焦點放到別處，或者我要跟當下的狀況和平共處。總之我必須調整我的感受。**」你做得到。

向自己證明你能做得到，然後你才能享有眞正的自由。沒有人可以給你自由——自由是你的天賦。自由是宇宙的根基。你很自由，你甚至可以自由選擇要自我束縛。你眞的享有自由。你要了解，無論在什麼情況下，你都能覺得快樂，如此一來你才能眞正感受到自由。

當你進入沒有恐懼的地方，你就進入了自由之地。愛去哪裡都可以。不論何時何地，你都覺得悠遊自在。

**提問者**：謝謝你的回答。有一個叫作「耶穌研討會」的組織，裡頭那些學者把他們認爲耶穌眞正說過的話挑出來，濃縮成幾頁。我讀了這幾頁的內容，也就是他們的話，顯然耶穌的教誨跟你們的一模一樣。

**亞伯拉罕**：同樣的能量。

**提問者**：一點也沒錯。

**亞伯拉罕**：傑瑞有個朋友只會說西班牙話，傑瑞想要對他表達愛和感激，所以傑瑞用英文寫了一封很長的信，請譯者把信的內容翻譯成西班牙文。傑瑞把信送給朋友，朋友非常感激。然後，過了幾個星期，傑瑞碰到了另一個翻譯西班牙文的朋友，他把那一封已經翻譯成西班牙文的信又翻譯回英文。閱讀那封信的時候，傑瑞發現內容完全不一樣了。

**提問者**：就是那樣。

**亞伯拉罕**：傑瑞說，「這只是一封轉了兩手的信。」你能想像嗎？這兩位翻譯者已經竭盡全力在傳達訊息，並非刻意要誤導收信人。所以也難怪那些學者把耶穌的教導濃縮成短文。很多教誨的內容都遭到扭曲，只爲了符合使用者的意圖和目的。

那也是爲什麼我們認爲你不該只仰賴伊絲特的翻譯。我們認爲你應該自己翻譯。

## 動物與人類的關係

**提問者**：哈囉，亞伯拉罕。謝謝你很有耐心的教導我們。

**亞伯拉罕**：當你知道一切都很美好，就更容易保持耐心。

**提問者**：人類和動物的靈魂會生生世世共赴旅程嗎？

**亞伯拉罕**：會。

**提問者**：我該如何接觸無形領域中的靈魂，包括我的貓咪？

**亞伯拉罕**：你希望在無形世界中跟他們相逢？你說的「生生世世」聽起來就像有形的一世過完後又再一世。你希望跟你的貓咪在無形的世界中相逢，還是未來的有形生命？

**提問者**：有形跟無形的都想。

**亞伯拉罕**：好消息是你不需要從有形的觀點去安排。這個問題很難，大多數人不相信自己有能力處理。要達成願望只有兩個必要條件：一是發出願望，二是隨順願望的實現。當你進入有形的體驗，尤其還是小孩子的時候，你會碰見很多不同的事物，你覺得很熟悉。

很多動物會讓你想起其他的動物，對不對？懂了嗎？接下來我們要說的，一般人都很難接受，但有時候讓你覺得非常熟悉的動物朋友，事實上和你來自同樣的能量流。很多人聽了就擔心，因為你們自認盤踞食物鏈或「業力輪報」的頂端，你們不太想跟動物分享。也就是說，「把我的寵物帶來，我會好好疼惜牠，但我不想跟牠享有同樣的振動。」

我們要你知道，能量就是能量，你們來到這個有形的體驗中，懷抱不同的意念，卻屬同樣的無形能量流。動物內心的振幅跟人類內心的振幅其實相去不遠，都是純粹、正面的能量。

人類和動物之間的差異，只有一項值得一提，那就是動物的頻率調整得比較好，線路接得更緊密，更充滿了能量。牠們比較貼近自己的本相。其中一個原因是，牠們不會隱身在語言後。也因為牠們的生活體驗比較短，沒有那麼多機會累積抗拒。聽到蝴蝶或鳥兒要遷徙到很遠的地方時，你說：「嗯，誰帶路呢？誰負責領隊？誰知道要往哪裡去？」答案就是更寬廣的視角。牠們更接近更寬廣的視角。

你是否曾看過鳥兒成群飛行，心裡納悶牠們為何不會撞成一堆？你沒看到時，牠們可沒偷偷練習。也就是說，牠們擁有更寬廣的視野，成群飛行一點也不難。牠們能夠完成這樣的任務，可以說是出自本能或直覺（兩個大家常聽到的說法），更可以說牠們的頻率「相符」，知道如何隨順周遭的事物。懂嗎？你們要做的便是找到相符的頻率。

你是否曾開車開到感覺自己融入了車流，往前一看就知道會發生什麼事情？還沒看到前車的煞車燈你就放慢了速度？沒有看到什麼就覺得該換車道……你就跟動物一樣，從更寬廣的角度去看世界。

**提問者**：好。這讓我想到下一個問題。隨順家人朋友吃下動物，讓我覺得很痛苦（因為動物會受苦），尤其是跟我住在一起的人還把死掉的動物放進冰箱，把牠們烹調成餐點。你可以幫我嗎？

**亞伯拉罕**：可能沒辦法。

**提問者**：很難解決。

**亞伯拉罕**：聽我說，由於你一直強調這件事情，所以你必須承受無盡的悲傷。你用盡所有的詞彙，把這件事描述成一件壞事。我們要對你說，你無法面面俱到。你不能竭盡全力反對別人把動物死屍放在你的冰箱裡，同時又讓死屍進入你的冰箱。也就是說，必須取捨——要努力跟上事物本質的振動頻率。

我們的意思是，很有可能強大的統治者出現了，他握有無上的權力，可以說服所有人再也不要吃肉。但你依然無法說服動物不要吃其他的動物。弱肉強食是自然的現象。換句話說，小魚總是大魚的食物。等你跟上了節奏，等你明白動物來到這世上就了解自然的現象，你就不會那麼計較了。

我們向你保證，動物的頭腦都很清楚（所有來到這個世界上的人頭腦也很清楚），如果牠們不想陪伴你，牠們就不會一再來到這個世界上陪伴你。懂嗎？你必須放手。你不需要吃肉，但吃肉在你們的社會中是很普遍的現象，不需要抗拒，不需要畏懼。

有一天伊絲特告訴傑瑞，如果他再因爲別人汽車保險桿上的貼紙寫了什麼而生氣的話，她就要把他關到「怪獸巴士」的房間裡，還要把窗子鎖起來。伊絲特想把傑瑞的眼睛蒙起來，不給他生氣的機會。

這世上有許多跟你意見不一樣的人。大家都可以有自己的意見，大家都可以在車子的保險桿上貼標語，每個人都可以決定他想要有什麼樣的感覺。你必須找到讓你覺得快樂的方法；別人並不需要貼上讓你看了會覺得很開心的貼紙。

## 安撫伴侶面對令人擔憂的診斷結果

**提問者**：我該怎麼做才能幫助我丈夫？他剛收到診斷結果，很嚴重，他怕死了。

**亞伯拉罕**：好，那你呢？你也很害怕嗎？

**提問者**：我啊，我就不去想，但我胃很痛。

**亞伯拉罕**：真的去想的時候，會不會覺得很怕？

**提問者**：會。

**亞伯拉罕**：那你就沒辦法幫他了，因爲你跟他一樣害怕。如果你跟他討論這件事，兩人只會在恐懼中亂撞。你應該先練習讓自己感覺充滿希望，讓自己先感到有希望，而不是害怕，然後你才能好好幫他。

**提問者**：我明白了。

**亞伯拉罕**：你可以告訴我們，是什麼讓你覺得害怕嗎？「我丈夫的病情診斷出來很嚴重，所以我很害怕。」或「我丈夫的病情診斷出來很嚴重，我覺得還好。」大家聽了都擔心得要命的事，你卻覺得還好，這樣是否讓你覺得自己做錯了？這可是大哉問。首先，你有沒有權利對不好的情況感覺還不錯？如果你說有，那就是跨出了偉大的第一步。因爲如果你相信自己有這樣的權利，那下一個問題是（先不要管你丈夫跟他的診斷結果），你希望能感到快樂還是不快樂？

把注意力放在讓你覺得不快樂的事情上，你認爲你能感到快樂嗎？事實上，有可能。而那就是你的功課。換句話說，你可以把注意力放在其他令你覺得快樂的事物上，只是那不會改變你對這件事情的恐懼。你必須努力做到的是：「現在我把注意力放在讓我感到恐懼的事情上，但我可以耐心引導自己放下對這件事情的恐懼。」這是你的功課。這是一趟情緒旅程。「我必須要放下恐懼。」

**提問者**：該怎麼做呢？

**亞伯拉罕**：讓這件事成為你心所願，不斷努力。我們一起來試試看吧。你依然感覺到恐懼嗎？好，讓我們試試看能不能消除恐懼。當你感受到抒解，你就成功了。

你必須要這麼做，這很重要。現在跟我們一起完成這項功課，也就是走上情緒旅程，改變你的振動，然後一切都會跟著改變。你的影響力會改變，一旦影響力改變了，你就能幫助你的丈夫。所以，現在就展開一趟情緒旅程，努力改變你的振動，努力讓自己覺得更快樂，找到抒解的方式。這就是你現在的功課。你的任務並非去找出治療的方法。你的任務也不是想辦法讓丈夫痊癒。你的任務簡單多了：**從恐懼移向自在**。

這項功課很簡單，只要隨意漫遊，把自己從診斷結果抽離出來，脫離醫生的說法，脫離丈夫的感受——想辦法抽離了，你就能在看著那個主題時也感受到快樂。

**提問者**：好。他的診斷結果雖然是這樣，但內心深處我不相信。我不覺得他真的病得很重，總覺得是什麼現代的醫學迷思吧。就像如果你去看醫生，醫生老認為你病了。不知道為什麼，在我心中我覺得他很健康。我看不出他有什麼病症。

**亞伯拉罕**：嗯，你做得很好。你說的話讓我們覺得你的感受很穩定。也就是說，這次診斷結果和丈夫的反應加深了你的恐懼，就像雷達上出現的光點。但你剛說的這段話比較像是你眞正的定點，對不對？我們可以感覺到你有那樣的感受。

所以當我們問你害怕嗎？你回答：「如果我專注在可怕的部分，像是醫生說的話，那麼我就會讓自己感到害怕。但其實我眞正的感覺並沒有那麼害怕。」你覺得我們的說法對不對？

**提問者**：沒錯。

**亞伯拉罕**：那麼你就有了良好的立足點，可以幫助你的丈夫。你能聽見自己把同樣的話告訴他嗎？當你傳達出這樣的訊息時，你丈夫會同意你的話，認同你的感受，還是會跟你爭論病痛的問題？

**提問者**：他會爭論疾病的問題。

**亞伯拉罕**：所以他比較相信醫生，不相信你。

**提問者**：他一直都這樣。

**亞伯拉罕**：現在你的立場是，你很擔心他無法照顧自己的振動，因爲你知道他現在的行爲會影響他的體驗。

**提問者**：就是這樣。

**亞伯拉罕**：所以你要踏上的情緒旅程，並非讓自己對疾病的感受從恐懼變成安心，因為你已經很安心了。你的情緒旅程的起點是擔憂丈夫所創造出來的實相，而終點則是不去擔憂丈夫如何創造他的實相。懂嗎？

也就是說，情緒旅程的重點在於你要相信丈夫有能力管理自己的生活體驗，改變他對自身健康的立場。你相信他能做到嗎？你的感受如何？

**提問者**：不完全肯定。我的意思是，我不完全相信他能做到。

**亞伯拉罕**：你願意相信，你想要保持希望……但你的信念偏向不信。我們的意思是，你不相信他做得到，但你必須相信他能做到，如此你才能感到快樂，對嗎？

**提問者**：對，沒錯。

**亞伯拉罕**：那就是我們要你踏上的旅程。在這短短的時間裡，在集中的能量裡，想辦法朝著目標前進。想辦法去掉自己的**不信**，相信他能管理好自己的振動，達成目標，相信或希望他有能力調整自己的振動。你能做得到。不要迷失了方向，你只想讓自己寬心。你不能解決他的問題，你無法讓他的病好起來。你要踏上能讓你覺得更快樂的情緒旅程。

感覺像是你對於他處理這件事的方法不太樂觀，而你想要變得樂觀，所以你就努力讓自己對於他處理這件事的方法更加樂觀。他是不是什麼事都做不好呢？

**提問者**：噢，不是。

**亞伯拉罕**：所以他也有一些成就嘛。可以舉個例子嗎？

**提問者**：嗯，對。他生意做得挺成功的……

**亞伯拉罕**：他能集中心力去達成目標？

**提問者**：對呀。

**亞伯拉罕**：大家給他的回應也很正面？

**提問者**：非常正面。

**亞伯拉罕**：所以你不認爲他是個無法下定決心、一事無成的人？

**提問者**：絕對不是。但就這件事來說，他有點無力，因爲醫生給他負面的意見。

**亞伯拉罕**：沒錯。那麼你有沒有看過他面對客戶的樣子，或者面對他覺得不滿意的事物，用自己的意志力扭轉乾坤？你看過嗎？要不要舉個例子？

**提問者**：比方說，有個產品推出了，我看著產品說：「似乎賣得不太好。」他卻說：「不，沒有關係。別懷疑，沒問題的。」

**亞伯拉罕**：所以他確實明白這個道理。他重視思維甚於實際狀況。他知道透過意念去達成目標。你看過他用這個方法成功達陣，對不對？

**提問者**：對，但都不是健康問題。

**亞伯拉罕**：你忽略了你的目標。我們正朝著目標前進，也快到了，你卻突然退縮，反而讓自己感覺更糟。為什麼要退縮呢？你懂我們想說什麼嗎？這是你的功課。你不希望退回讓自己覺得不快樂的地方。你要展開雙臂，找到能讓你更快樂的事物，你要練習如何讓自己變得更快樂，直到你能自信的說：「我丈夫是一個專注的人。沒錯，這件事讓他一時無所適從，但每個人都會有一樣的反應。我看到他慢慢找回自己的平衡了。」什麼樣的平衡？你在哪裡看到他恢復平衡？你有沒有看過他失去平衡，然後又恢復平衡？可以給我們個例子嗎？

**提問者**：喔，他很愛打高爾夫球。他會看看屋外，然後說：「看起來快要下雨了，但我還是要去球場，說不定等一下天氣就變好了。你知道呀，等一下就會放晴了，然後就可以打球了。」

**亞伯拉罕**：他個性就是這樣，對不對？你不覺得自己有點傻，居然對他沒有信心？我們的意思是，等他能夠泰然自若的面對，他就能掌握局勢。也就是說，他的資源會回到他身邊，他也能像往常一樣找回自己的平衡。他也會好好運用自己的優勢。你的樂觀對他也有好處，能夠引導他建立正面的期待。現在你覺得好點了吧，是不是？

**提問者**：對，我覺得好點了。

**亞伯拉罕**：我們拉你踏上的第一趟情緒旅程，其實你並不需要；你已經到達終點了。在第二趟情緒旅程中，你在很短的時間內就達成了目標。要是你覺得心裡不踏實，浮現了懷疑，就用感覺更好的東西來消除疑慮，直到恢復自信。能夠立定心志，期待丈夫管理好他的生活，你的影響力就能發揮作用。他到目前為止都管理得不錯，可以說非常好。醫生覺得他有很嚴重的問題，但他的思維並未受到影響，他沒有理由就這麼停下來。

**提問者**：謝謝你。

## 學齡前的小天才「不聽老師的話」

**提問者**：我的問題跟我五歲的兒子有關。他不肯聽我的話。

**亞伯拉罕**：嗯。

**提問者**：女性的話他都不聽，男性的話還好一點。老師問過我：「你可以叫他聽我的話嗎？」我告訴老師，他連我的話都不聽。而且……

**亞伯拉罕**：他會聽誰的話？

**提問者**：我猜他只聽他自己的想法吧，因爲他告訴我：「我用我的方法過生活，你照你的方法做事情。」

**亞伯拉罕**：他一定聽到了我們的聲音。（笑）

**提問者**：對。然後他也會說：「嗯，你說過，亞伯拉罕曾說……我想讓自己覺得快樂。」老師對他說：「約瑟夫，你不聽我的話，是因爲你聽不懂，還是因爲你不想聽？」他說：「我不想聽。」因此老師又打電話給我。她說我兒子在校刊上戳了一個洞。他想戳，就戳下去了。我說：「約瑟夫，你不能戳破校刊。在你自己的地盤，你愛怎樣就怎樣，但你現在在我家裡，你得配合我。」來來回回了好幾次……他就是不肯聽話。我媽說：「你應該揍他一頓，你應該這樣、你應該那樣。我揍過你，但你也沒事，所以你可以揍他。」

**亞伯拉罕**：嗯，問題在於，約瑟夫對他的生活很滿意。如果他能維持下去，過了十五或二十年，除了生活的各方面都很成功，他應該也會是我們見過最充滿喜悅的人。我們會問：「約瑟夫，你的快樂祕方是什麼？」他說：「我有一股來自內心的動力，我聆聽它的聲音。我母親很努力了，她眞的很努力，她甚至威脅說要把我逐出家門。但我仍堅持跟隨我的引導系統，不受阻擋。」

像你母親那樣的想法才會讓你變得像現在一樣「人云亦云」。意思是說，很多人不信任自己的引導系統，因爲你們屈服在其他人的引導下，這些人並沒有能力好好引導你。想一想，老師之所以引導約瑟夫，是因爲如此她才能從他身上得到她想要的；你引導他，也是爲了得到你想要的。那麼誰能引導他，讓他得到他想要的？懂了吧，這就是他想要告訴所有人的重點。我們不想傷害大家的感覺，但是我們站在他那一邊。

**提問者**：那他的年紀呢？我的意思是說，他年紀太小了吧……我不想讓他長大後也抵死不聽別人的話，然後……

**亞伯拉罕**：然後，我們的目的就有了交集，因爲我們要他長大後也不聽別人的話。我們希望你們所有人長大成人後，都不要因爲別人的想法而牴觸自己的振動，讓自己無法得到眞正想要的東西。

我們知道你想要什麼，我們會採取以下的作法：你的孩子很清楚他是誰，他還記得所有的事情，他把你想教他的東西推回到你身上，讓你覺得受氣。當你想到他正在進行的行動旅程，你有很多選擇：你可以帶著氣憤的感受去關心他的情況，或者你可以跟他達成一致的振動頻率。不妨再說說你覺得他的自我導向有哪些正面的地方。究竟有沒有優點呢？

**提問者**：他的主觀很強，而且他絕對不循規蹈矩（我在他這個年紀的時候也一樣）。他會說他覺得怎麼樣，讓我知道他的意見從何處來。他很眞誠。我覺得就某些地方來說，這樣的個性對他有好處。

**亞伯拉罕**：除此之外，你是否覺得能立定心志，不猶豫不決，具有無可計量的價值？若是的話，你希望他具有這樣的力量嗎？（除非有一個比他年紀更大、影響力更強的人可以得到他的注意，讓他改變心意。）你想要教他放下力量，還是給自己力量？

**提問者**：我希望他能給自己力量。

**亞伯拉罕**：那麼唯一和你的想法牴觸的，就是他自己得到的力量不符合你認爲他應有的行爲？

**提問者**：我眞不希望自己變成一個因爲孩子不聽話而被老師叫去學校的家長。

**亞伯拉罕**：兩者可以兼顧嗎？這就是我們要強調的重點：你的孩子靠自己得到力量，知道自己的本相，還能同時順從所有人的要求，你覺得有可能嗎？如果不行的話，你要如何幫助他明白應該聽誰的話，不應該聽誰的話？我們的意思是，你希望他完全聽老師的話嗎？果眞如此，你要不要細細檢驗老師的行爲呢？你想不想知道他們鼓勵你兒子去做什麼事情？你要不要找出他們的眞實身分和眞正目的？你不想知道他們是否鼓吹你兒子要投票給民主黨還是共和黨嗎？或者鼓勵他改信天主教或其他宗教？你想知道他們的動機，不是嗎？要找出所有的答案，對你來說是不是眞的很困難？

難道你不想說：「啊，約瑟夫，你知道你心裡在想什麼，你的頻率也符合純粹正面的能量。我相信你能解決這些問題。我不會干涉你跟其他人的關係。我不會插手，也不會跟他們聯合起來對付你。我不會干涉，但也不會站在你這邊。我要給你機會去選擇你的體驗，這是每個人一生下來就有的機會，讓你的體驗幫助你決定你想要什麼，然後聆聽你自己的引導，朝著你的願望邁進。」

你認爲你兒子寧可選擇失敗嗎？你覺得他願意當個壞脾氣的小孩嗎？應該都不是吧，對不對？你認爲他寧可懶惰嗎？也不會吧。也就是說，在這個孩子身上能找到智慧跟才華的證據，而你卻很擔心，不敢放手讓他引導自己。我們覺得那是因爲長久以來，大人都覺得自己比較聰明，知道如何行事，如果不引導孩子，孩子就會走偏了路。我們要你明白，那樣的想法太落伍了。

有些天才創造者剛從無形的世界過來，他們覺得充滿力量，如果能自行其事，他們不會誤入歧途。他們會維護自己的價值；他們會維護獨立的感受；他們會抱持幸福的感覺。他們會過得愈來愈好，除非他們得到相反的教導。也就是說，如果其他人不要想辦法去改變他們的振動，他們的振動頻率其實符合豐足幸福。你也看到了證據，不是嗎？那就是他要提醒你的事情。你看不到快樂和興旺的證據嗎？

傑瑞和伊絲特很幸運有機會認識一位學校創辦者（麻州的瑟谷學校），該校有個校訓，他們認爲除非眞的具有學習的欲望，否則人們無法學到任何東西。他們認爲教學不只是爲了傳授知識。如果你想學東西，也表達了學習的欲望，他們就會盡其所能幫助你學習。但沒有任何教職員會問小約瑟夫說：「你想讀這本書嗎？」或「你想學這個東西嗎？」全都要看孩子的意願。

傑瑞和伊絲特參觀了這所學校後很開心，因爲他們遵循亞伯拉罕教導的基本原則：**除非提出要求，否則不會有回應。有求，必應**。

約瑟夫想幫你跟老師記起一件很重要的事：他有選擇的權利，而他所選擇的，都會來到他面前。他並不擔心不服從命令會讓他墮入對世界一無所知的狀態。你或許會擔心，老師或許會擔心，但小約瑟夫一點也不擔心。他仍然記得，只要他想要，宇宙就會把他想要的東西送到他眼前。他眞的不明白大人爲什麼要大驚小怪。他是不是一直對你說同樣的話：「你爲什麼要大驚小怪？我不是很好嗎？我沒問題呀！」

打個比方，這就像一個頭腦清楚、四肢健康的人出生了，但他所處的社會，不知道爲什麼每個人都是跛子。眾人會嘲笑他走路的樣子，因爲他的腳沒跛。他說：「我知道大家走路都一拐一拐，你們似乎也很得意，但我不想跛著腳走路，沒有這個需要。」其他人說：「我們就是跛腳。你也要學著一拐一拐！」他說：「我不想。」結果，別人就用棍子打他的膝蓋。（笑！）他也瘸了。然後大家都說：「很好，約瑟夫，很好。」我們的比方可能誇張了點。但你明白了嗎？

他只想對你說：「我不想跛著腳走路。」不要擔心他，也不要擔心老師怎麼看他。現在，你要踏上情緒的旅程。想想看，他的本相就是這樣。你還記得自己惹過多少麻煩嗎？你就跟他一樣，你的母親費盡心思要改變你。結果有用嗎？這樣做只帶給你不幸，也帶給她不幸，卻沒有改變你的固執，對不對？所以你不會想用同樣的方法對付約瑟夫。

發現你兒子是個獨立聰穎的創造者，你有什麼選擇呢？你認為你可以讓他感到羞愧，轉而聽你的話嗎？不，因爲你也不想。你認爲你可以處罰他，讓他變得順從？你也不願意吧。還有什麼選擇？你是否認爲透過一場行動的旅程，就能讓他改變天性？你做不到吧，對嗎？

所以你有幾個選擇。這個連接到本源的小淘氣是你的兒子。你可以爲自己找到有這樣的兒子是值得開心的理由，也可以去找令你不快樂的原因。我們不認爲你的目的在於改變他，因爲我們認爲，你跟我們一樣，就愛他這個樣子。我們認爲你的問題在於學校老師不明白你所明白的，不明白亞伯拉罕或約瑟夫所了解的。所以，你的情緒旅程應該是要讓你更能夠接納學校老師的無知，你覺得呢？

**提問者**：或許吧。

**亞伯拉罕**：要不要接納他們的無知？或者（我們有一點進展了），找到一個方法讓他們認同你，即使你有一個像約瑟夫這樣的兒子？

「我的兒子就是這樣，不肯順從。他很聰明，他的存在氣勢十足。」那麼你要他變得不一樣嗎？你希望他滿心懼怕嗎？你要他順從所有人嗎？你要他唯唯諾諾，還是能獨立思考？

所以，這趟關於約瑟夫的行動旅程，你想改變的其實是你心中別人對約瑟夫的看法。或許他們以後仍不贊同他的行爲，而你也無法改變他的行爲去得到大家的認同。但你可以選擇：接納或不接納他。你覺得哪一個選擇比較好？

**提問者**：接納。

**亞伯拉罕**：那麼爲了達成目的，你可以說：「我要找到一個接納的方法，即使他們不認同約瑟夫的行爲。」把這句話對著自己唸幾次，看看是否感到抒解。

**提問者**：我不想聽到師長們批評約瑟夫。

**亞伯拉罕**：沒錯，那只會讓情況更糟糕。

**提問者**：我只想接了約瑟夫就離開，我不想跟老師碰面。

**亞伯拉罕**：碰面對你們沒有幫助。

**提問者**：我也想繼續參與學校的活動，我一向都很積極。

**亞伯拉罕**：「我喜歡我在學校的角色。我希望能給老師們一點影響。我希望他們能明白學生裡有很多充滿創造力的天才。我希望他們能了解學校不是監獄；學校的環境應該能讓學生表達創造力，並用形形色色的方法表達出來。我也希望能幫忙培養孩子的創造力，而不是順服的心態。我生了一個創造力不凡的孩子，他令我發射出強烈的願望，想要貢獻力量，而且說不定也很有趣。」感覺是不是好多了，雖然並非出自你口中，但聽到這樣的陳述就會讓你覺得好多了。也就是說，讓你覺得更快樂。

你的目標是什麼？對別人的看法感到更自在。你放棄了行動旅程嗎？最好立刻放棄，因爲你改變不了約瑟夫。他還是那個樣子，你可以接納或不接納他。你覺得哪一個選擇比較好？你覺得哪一個選擇對他來說比較好？

**你知道嗎？在你們的世界裡有許多才華橫溢的創造者，他們每一個生下來的時候都跟約瑟夫一樣，毫無例外，而他們也一直沒有改變。換句話說，他們沒有屈服。他們讓創造力自由流動。這才是你眞正想要的，對嗎？**

如果老師不明白這個道理……你希望老師出手干涉嗎？如果老師不明白，你要覺得高興還是難過？

**提問者**：我不想管她有什麼想法。

**亞伯拉罕**：很好，這是很好的一步。你無法改變約瑟夫。你能改變老師嗎？做不到，對不對？想要讓約瑟夫改變，你付出了無比的心力，卻一點成果也沒有。感覺浪費掉了，對不對？那又何必在乎呢？是因爲其他人要你去在乎嗎？老師打電話給你，因爲她想要行使她的權力。老師想對你說：「你兒子這麼做，我也快樂不起來，所以你得改變他的行爲。」然後你想對老師說：「很抱歉，我兒子這麼做，但你的反應也讓我快樂不起來。所以你得改變你對我兒子的看法，我才會覺得很快樂。」

唯一有智慧的人就是約瑟夫。他說：「嘿，我很開心啊！你們不需要改變什麼來讓我覺得開心。你們跟我沒有關係。我不管你們想什麼。我不在乎你們的看法！」（他才是導師，對不對？）所以你想要的情緒旅程，是讓自己覺得一切都很美好。你想要感受到對老師的愛。你想要了解老師的好意。你有話要對老師說……好，現在就在你的腦子裡說：「你知道嗎？看你這麼關心我兒子，我眞不知道該怎麼表達我的感謝。你眞好。眞的眞的眞的很好。很抱歉，他也不肯聽我的話。但是我發現如果我順著他的意，就會發現他眞的很聰明。而你是老師，我想你或許也知道他很聰明。我也發現了，如果我不想辦法騙他，不剝奪他的自由，他就是全世界最好相處的小孩子。但如果我讓他覺得我管太多了，即便只有一下子感覺不到自由，他就會拚命掙扎，彷彿我用枕頭壓在他的臉上。我記得我小時候也有那樣的感覺。我相信你也經歷過。

「所以我不去限制他。我開始接納他所感受到的自由。我想如果我們不干涉他，讓他充分發揮才華，他一定會讓我們都覺得很驕傲。謝謝你承受了這一切，我很感激你教給他的東西。我知道他想接受你的教導。他跟我說他很喜歡你。你做了很多事情，他都很喜歡。你是個好老師。我知道你做得很好。我也很抱歉我兒子不肯聽話，但我想世界上的天才都不肯聽話。」

練習這樣的對話，一段時間後，她就不會再要求你到辦公室去。當她發現她不能指使你，要你把約瑟夫變成她想要的樣子，她就會放棄了，同時約瑟夫也會愈來愈快樂，會贏得老師的心，讓她看到他的本相。

**提問者**：謝謝。

## 希望能克服糖尿病，不再服藥

**提問者**：我想問一個問題，我有糖尿病，我總認為有一天我會害死自己，但為什麼我到現在還沒死？

**亞伯拉罕**：嗯，你是說總有一天你會因為糖尿病而死，還是指更激烈的手段？

**提問者**：我想要向前看，對自己說沒問題，我做得到。但我最怕的是……

**亞伯拉罕**：向前看？意思是繼續生活，擁有健康的身體？

**提問者**：對，但我怕如果我停止服藥就會死掉。

**亞伯拉罕**：你要仔細聽好了，因為這趟行動旅程表示藥物讓你的情況穩定下來，所以我們鼓勵你繼續行動旅程，過一陣子再計畫改變。但請注意，服藥並感覺到惱怒，跟服藥後感激藥物暫時穩住你的情況，兩者之間有什麼差別。

你了解嗎？你是本源能量的延伸，身體的細胞正在召喚生命力，也知道該怎麼做。個別的細胞和整個身體一起溝通，一起發出請求，本源能量就會回應，那就是當你還活著的時候發生的事情，你明白嗎？這就是一個過程。

身體的細胞知道該怎麼做，才能維持最完美的狀態。如果你不做什麼破壞身體的事情，你的身體就會維護得很好。細胞會彼此溝通。如果有點失衡，細胞會調整。一切都很完好。

有時候你會想吃不一樣的東西，因爲細胞想要那個食物裡的特定成分，你也能從自己的存在去感受到體內的化學工廠可以消化這種食物，提供特定細胞想要的營養素。有形的身體總在進行令人驚異的過程。

你被診斷出患有糖尿病，你進入了這個狀態，你也體驗了夠長的時間，覺得很困擾很麻煩。你同時進行兩趟旅程：用有形的旅程來處理有形的身體；情緒的旅程則去感覺你對問題的看法。

因此，很多人常常覺得很困惑，他們說：「你們要教大家無爲嗎？因爲你們說，思維會創造出一切，那麼又該如何看待行動呢？」我們說，行動是你經歷生活體驗的喜悅。我們並不是要告訴大家不要採取行動。

有些人認爲，有形世界中的行動和有形的展現，跟屬靈的世界不一樣。我們要告訴大家，周遭環境的一切事物皆爲本源的延伸——萬物皆屬靈。

因此，有形的存在常覺得我們想讓大家脫離行動，一切要靠思維去達成。然後他們想，我應該可以用思維來修復我的身體。我應該不需要服藥。服藥是一種落後的作法。而我們要你明白，你就在這裡，這裡很好。你已經踏上了行動旅程，我們不需要打亂你的計畫。我們會繼續服藥。我們會跟你一樣繼續行動；但必須更專注在情緒旅程上。

就跟那位得了髖關節炎的女士一樣，她可以選擇害怕還是滿懷希望。恐懼和希望兩者之間的差異，會決定病痛什麼時候離開她。

不要擔心你目前採取什麼樣的行動。你在這裡，你有這具有形的身體，你服用藥物，一切都很好。不要責怪自己爲什麼會患病，落到這個地步。我們很希望大家都能聽見：**你在這裡，就在這裡，這裡的一切都很好！**

你認識已經康復的人嗎？

**提問者**：沒見過，但要是沒有先例，我希望能成爲第一個。

**亞伯拉罕**：你知道有人已經康復了嗎？你知道有人大幅降低對藥物的依賴嗎？你知道有人改變了振動，讓身體能夠再度製造出他們需要的胰島素？你知道這些人的存在嗎？你可以說：「宇宙啊，我希望你能讓我看到實證。我想要一些資訊，證明我應該滿懷希望。」當大多數人說「我希望能成爲第一個」時，言詞總是空洞無力，因爲他們並不眞的相信他們能成爲第一個。你是否感到了抒解？我們說有人已經康復的時候，你是不是覺得鬆了一口氣？

**提問者**：是。

**亞伯拉罕**：你是否覺得能夠得到一些資訊，會讓你更有信心呢？就在這個時刻，你希望自己可以懷抱合理的希望。你希望自己滿懷希望，對吧？如此一來，你的能量就會改變了。

如果有人走進來對你說：「嘿，你好嗎？」你會怎麼說？

**提問者**：很好！我的情況改善了，我覺得愈來愈好了。

**亞伯拉罕**：你還會說什麼？要是他說：「很好，你眞正的感受是什麼？」你會怎麼說？

**提問者**：我希望我會痊癒。我希望。

**亞伯拉罕**：也就是說，「我充滿希望！」

**提問者**：對。

**亞伯拉罕**：「我充滿希望。」好，如果你想要更進一步，現在就來吧……你充滿希望。當你說：「期待未來的日子。」你期待它們給你什麼樣的感覺？

「振動相符。有形身體的振動頻率和本源一致。我去做了測試。我聽說一切都在改變。我得到鼓勵，繼續服藥，我一點也不喪氣，因為亞伯拉罕也鼓勵我服藥。我發覺我做得到。因此，我得到祝福，美好的胰島素讓我的健康狀況保持穩定，讓我完成這趟情緒旅程。我不只充滿希望，我滿心樂觀！我看到一切都為了我而改變。我覺得很興奮，想到萬物都為我效力，我能變成醫學奇蹟。只有我能明白，我走上了情緒旅程。我專注於自己的感受。

「每天早上起來，我稍微冥想一下。然後我去散步。我做能讓自己感覺良好的事。我做能讓自己開心的事。我心中充滿感激。我讓自己覺得很快樂，因為我終於明白，我的感受才是細胞發出懇求後能否得到應允的關鍵。最後，我實踐了承諾。我不再是障礙！我讓開了。我讓幸福流過我。

「現在我則等著願望實現：我的身體會符合願望。我的體重會減輕，周圍的人都會立刻發現。我的態度已經改變了，他們也注意到了。他們會看到我的身體出現明顯的改善。醫生幫我做測試，唉呀，他們的感受也改善了，當然也有可能不會改變。對著鏡子一看，我的感受更好了。

「最重要的是，我期待我來到地球上要體驗的生活。我想要活下去，而且我要活得很快樂。我也明白我做得到。我不需要一口氣完成，不需要一次找出所有的答案。我只需要找到方法，讓我的感覺比平常更好一些。

「我要開口要求。我不要再說喪氣的話了。我要避開那些只想討論現狀的人。我要接近那些能脫離現狀的人，他們討論的話題會讓我覺得非常快樂。我不需要別人的憐憫。我不需要別人幫我證明什麼。情況不佳的時候，我再也不會找藉口。一切都會變得非常順利！」

**好，你做到了。**

**提問者**：謝謝你。謝謝。眞不好意思，過去我一直覺得很難。

**亞伯拉罕**：我們覺得你充滿希望。大家覺得呢？在路上看到這個人，你會說什麼？「嘿，你看起來充滿希望，渾身散發出希望。」你會怎麼描述自己？「充滿希望。」人生中最重要的轉捩點是什麼？「我從恐懼轉向希望的那天，我記得那個日子。我充滿了希望，再也不會感到沮喪。那就是我的轉捩點。那就是我充滿希望的日子。」希望，改變了你的一切。

## 爲什麼在埃及聽不到亞伯拉罕的教導？

**提問者**：我的祖國跟這裡不太一樣，振動系統似乎很低落，有點封閉。我來自埃及，不知道在那一帶有沒有機會碰見亞伯拉罕，或者類似的團體，提供機會給我們，讓我們看見其他的生活方式和思考模式。為什麼這一類的靈性存在不會擴展到其他國家，分享給需要的人呢？

**亞伯拉罕**：如果在埃及有很多人提出要求，或者就算只有一個人提出要求，本源能量就會加以回應。所以問題不是「為什麼不提供」，而是為什麼沒有人接收到？我們想告訴你，曾有一段時間，那一帶地區體驗到啓發的人比全世界其他地方的人加起來都多，希望你聽到這些話能覺得好過些。也就是說，埃及並不是一個和本源能量失去連結的地方。

所以我們不想花更多時間去大聲疾呼，「為什麼這件事情不能做得更好？」我們要你從你的位置開始，想像情況已經變得更好了。意思是，從這裡開始就可以。

伊絲特是個活得很快樂的人，而她正好嫁給一個愛打破砂鍋問到底的人。他一直問個不停。他寫下的問題可能比全場的人加起來還多。他會細細閱讀筆記，他會冥思苦想，他會不斷聽錄音帶，他會跟伊絲特討論。也就是說，在傑瑞心目中，這場工作坊才剛開始。他會追根究柢，他會編輯筆記的內容，他會錄製比這場工作坊歷時更長的原始內容……送到科羅拉多請人逐字謄寫出來。收到稿件後，他會一字一句校閱。但他仍有問題，因為看到答案（很好的答案）後，他就有更多的問題。

我們要你相信，答案永遠沒有盡頭，問題也會源源不絕生出來。在地球上，沒有一個地方無法連到本源。

還有伊絲特。當她發覺自己能透過冥想接收到訊息，那股智慧流過她的身體……剛開始的時候她非常震驚，因爲她不相信這種事會發生在自己身上。傑瑞錄下了亞伯拉罕說的每個字。伊絲特回頭聽的時候也不敢相信自己說出了這些話。她不相信她能這麼清晰的描述她不怎麼明白的事情。

因此她要傑瑞承諾，絕對不可以告訴別人（因爲她覺得很奇怪）。她不管這件事有多麼奇妙，她不想讓別人知道她有這麼奇怪的行爲。我們覺得她的反應很令人傷心，彷彿在對我們說，有些人不小心碰到了這個契機，能夠對能量敞開自己，創造世界，讓神力流過自己，宣揚啓蒙的想法，結果她卻擔心自己變得與眾不同。她認爲這種能力應該要保密。也就是說，很有可能這就是爲什麼更多人無法直接和我們聯繫。

很多人不敢露出本相，因爲露出本相時他們覺得很安全，結果卻導致周遭沒有安全感的人會想辦法剝奪他們的安全感。那些不知道的人一直多於那些確實知道的人，到最後知道的人便拒絕承認他們知道了。隨著時間經過，你會看到有很多人看似不知道。你說：「他們爲什麼不知道？」我們說，他們知道，他們也會再次接收到訊息。只要有一、兩個人就夠了。所以別擔心，消息已經傳出去了。

**提問者**：那我可以做什麼？我住在美國，偶爾會回埃及，看到大多數人信奉的宗教遭到了扭曲，壓抑了眾人的振動。

**亞伯拉罕**：我們對所有振奮人心的導師都會說同樣的話，你也是其中的一員：如果你的振動包含了知識、信任和良好的感受，要向你學習的人卻感到失望或恐懼，那麼不論你的教誨多麼有價值，他們還是聽不見，因爲振動差異太大了。

你該怎麼辦？你要融入更適合你的地方，也要保持信任，然後才能有希望。你要相信那些振動更接近眾人的導師可以得到眾人的注意，教導他們……

這就是最領先的思維！雖然工作坊這個舞台帶給你無比的滿足，對大多數人來說卻發揮不了那麼強的作用。領先的位置上永遠只有一小群人。如果你不能隨時感受到喜悅，不要責怪自己。接納你目前的立足點，然後慢慢進步。

這就是我們想對他們說的話。我們想安撫他們。我們想說，你們其實很好。我們不會譴責他們太落後或一無所知。我們不會爲他們貼上振動低於其他人的標籤。我們會說那是不同的振動。我們認爲他們還在懇求。我們會退後一步，承認他們的本相：他們仍在追尋。

在地球上，正確的生活方式不只一種。也就是說，我們不會公開宣稱我們的教導方法比較有效、比較有價值、比較有力量、比較重要，或比印度的心靈導師更加正確。就是不一樣罷了。懂了嗎？

**提問者**：謝謝你，謝謝你的回答。

## 想要不費吹灰之力就得到一百萬美元

**提問者**：我聽過你們的錄音帶，裡頭說我們並非住在一個獨占的世界。靠著思維，我們就能得到一切。所以……

**亞伯拉罕**：沒有絕對。

**提問者**：我想要擁有一切，但又不想付出勞力或改變我目前的行爲，那我要如何達成平衡呢？我想要創造出一百萬美元，但我不想辛勤工作。

**亞伯拉罕**：嗯，你的說法很生動，也非常重要，因爲你的意思是，「我想要一百萬美元，而且我相信有一些方法可以讓人得到一百萬美元，只是我不想用這些方法。」所以你其實傳達出這樣的意思：「我要這個，但我不要這個。」那麼你的存在狀態其實很無力，因爲你設定了矛盾的局面。

所以你要說：「我想要一百萬美元，我也想要找到一個適合我的方法來得到這一百萬美元。」這樣一來，抗拒就減弱了。你說：「我想要一百萬美元，我知道很多人都擁有這麼多錢，他們得到一百萬美元的方法並不會讓我不自在。」但當你說，「我想要一百萬美元，但沒辦法透過繼承而得到。」或「我想要一百萬美元，但我認識的人死後不會留給我這麼多錢。」你就必須消除其中的矛盾。

當你在談論你想要什麼，以及爲什麼想要這些東西時，抗拒的程度就降低了。當你談論你要的東西，以及要如何去得到的時候，抗拒就升高了。因爲當你問了你不知道答案的問題時，比方說如何、何處、何時、何人，就會產生矛盾的振動，讓一切速度都慢下來。

感受下面的說法是否完全沒有抗拒：「很多人擁有一百萬美元，甚至更多的錢，他們曾經也跟我處在同樣的地方。他們就是想要這麼多錢，但不知道錢會怎麼來。」

就算你不知道如何、何處、何時、何人，但如果你知道你要什麼，你也知道你爲什麼想要，同時練習思索這件事情好一陣子，並開始覺得很熟悉，接著你就會看到以前無法發生在你身上的事……開始發生了。之前想不到的東西開始變成你的想法，從前沒有機會互動的人現在也有可能認識。當你的一百萬來了，你還會納悶之前這筆錢躲到哪裡去了。

**提問者**：我不知道這個目標是否太好高騖遠，我想要的跟我目前的情況差太遠了，會不會到頭來反而讓我覺得很悲慘？

**亞伯拉罕**：嗯，一百萬美元離你並不遠，其實這個願望不大。伊絲特聽過一位身家數十億美元的企業家說：「噢，那很驚人。噢，一定會成功。噢，那是建築史上最轟動的建築。我們在芝加哥蓋的這棟大樓是有史以來最漂亮的。噢，太奪目了。對了，那個人是我的朋友。」她在旁邊聽的時候，發覺他已經找到答案了。現在，全世界的人都很討厭他，但你知道嗎？他一點也不在乎！他已經在他想要的跟他的立足點之間建立起良好的關係。

就算他想要的跟他的立足點之間出現了隔閡，你也不知道，因為他不會說出來。**他口中一直說他想要什麼，宇宙就一直回應他**。很多人說：「他很愛吹牛。噢，他當然可以那麼說啦，因為他有幾十億的家產。」我們說，他不是一直都這麼有錢。他用那種口氣說話，然後他就變成那樣了。

你不需要把他的生活方式奉為圭臬，但你確實得遵循他的成功法則：**你必須談論你想要什麼。你描述的方法要符合你心所願。你不能看著現狀，又要現狀變成另外一個樣子。你必須面對你愛的東西，用你的想像力或願望去填滿縫隙。**

你生活中有很多美好的東西，你可以強調、談論、感激它們，或把它們全部列出來。你可以列出正向的東西，你可以滿懷無盡的感激。不論看向何處，你都能看到美好的一面，你也覺得好到不能再好。

然後你定下了目標，你不知道該如何達成。所以你用想像力和假想來填滿空隙，然後你做了一個夢，一切感覺更加眞實。或者你會碰到眞正過著那種生活的人。或者打開電視，你看到別人談話的內容正好符合你的想像。或者隨手拿起一本主題接近的書。或者聽到別人的訪問……意思是說，宇宙會幫你召來你最後能夠達成的振動。

宇宙不知道有一百萬美元的人跟感覺自己有一百萬美元的人有什麼差別。當你感覺你擁有一百萬美元的時候，你會發出振動，吸引力法則就必須幫你帶來匹配的東西。不論你討論的是人際關係、帝國的興起、吸引別人來幫助你的生意，都一樣……不管是什麼都沒有差別。你必須要找到相關的振動，你必須要練習那樣的振動，直到願望的振動超越了懷疑的振動。當願望的振動超過了懷疑的振動，來了！就實現了。你還會問：「你之前到哪裡去了？」

你說：「我知道你會來。我感覺得到。一開始的時候，我只是滿懷希望，相信你會來。最後，我眞的相信你會來。然後，不久以前，我知道你要來了，就這麼出現了。」

除非你能知道這一點，不然你想要的東西不會來到你眼前。

通常你們不太願意承認自己的感受，因爲你們擔心別人的看法。因此你必須先練習進入一個境地：你不會跟不了解的人講這麼多，你談話的對象都懂你的看法。

幾年前傑瑞寫過一篇文章談到：**把想法留在心中，等到成熟了再說**。由於傑瑞提供做生意的建議給很多人，他常看到他們聽了一頭熱就開始衝，但因爲練習得還不夠久，不足以讓想法變成最主要的振動。他們的心中還有懷疑，他們跟別人討論新的想法，但這個想法還沒在他們心中扎根。其他人的懷疑和負面的評論會發動舊有的振動，然後就完了，因爲財務豐足的種子還沒有機會生根，還不夠茁壯。

如果你有能力想像，宇宙就有能力帶給你。知道你想要什麼，發出懇求，這是第一步。第二步，因爲你提出要求了，宇宙就回應了——現在你得讓開，讓你的願望得以實現。

我們還要說一件事：當你說你想要，可是你不肯努力，我們認爲你很矛盾：爲了達成目標，你認爲你應該這麼做，可是你不想做，而你也不相信可以用其他的方法達成目標。這就是矛盾所在。你正在對宇宙說：「做這件不可能的事。」所以，你應該找到方法，別讓你的目標感覺不可能。研究一下，看看有多少種不同的賺錢方法。也就是說，給自己一個理由去相信爲什麼你有可能接收到這樣的成果。

**提問者**：感謝你們。

**亞伯拉罕**：很好。

## 我們要不要負起拯救別人的責任？

**提問者**：我的問題跟責任感有關。你們說負責就是照顧好自己，但是如果我們有能力的話，要不要負起幫助別人的責任？

**亞伯拉罕**：我們很喜歡你用字遣詞的方法。「有能力的話，要不要負起幫助別人的責任？」如果你發出振動的地方在這裡，他們發出振動的地方卻在那裡，你沒什麼好給他們的。也就是說，他們跟你的振動相差太遠了，聽不到你的聲音。

因此，不論是老師、領導者、醫者、助人為樂者，要能幫助他人就必須先了解別人是從哪裡發出振動的。把振動調得愈近愈好，但不要失去平衡。你的振動要符合你用來助人的能量，但不能脫離能量。

跟這一切相關的「責任感」（或許你不喜歡用這個說法來解釋你的問題，但我們挺喜歡的）其實取決於吸引力法則。有時候大家會講到公不公平的問題。我們認為絕對沒有不公平，因為發生在你身上的事情絕對不會跟你的振動背道而馳。你可以為其他人做出的最大貢獻（如果你願意的話，可以稱之為責任），就是幫助他們了解，他們的體驗由自己創造，他們會發出振動，他們發出的振動帶來了結果。然後，用你自己當例子，讓他們看到實證。

**提問者**：如果不稱之爲責任感，你們會用什麼說法？

**亞伯拉罕**：我們會說是透過自己清楚的榜樣去教導別人。我們會說透過同情心去體會所有人的力量。我們會說振動符合本相，因此你可以看到別人的力量。我們會說振動符合本源，了解個人的力量。我們會說相信你有能力成就你想要做的事情。我們會稱之爲看見個人價值的力量，即使你看不到自己的價值。我們會稱之爲即使你病了，也能體驗到健康的力量。我們會稱之爲即使你無法付清帳單，也能體驗到富足的力量。我們會稱之爲用讓我覺得最快樂的方法去看別人的力量，我能連結到本源，也能從我的視野看到你本來的面目。我們會稱之用最負責任、最有同情心的方法來利用宇宙中無所不在的本源能量。

**提問者**：謝謝。

## 一定要強迫孩子承認自己行爲不當嗎？

**提問者**：十個月前，我聽了你們的錄音帶，我的生命就此改變了。我想問一個問題，我怎麼會現在才認識你們，你們以前在哪裡？

**亞伯拉罕**：在振動暫存區裡，就在簾幕的另一邊，等著布幕拉開。（笑）

**提問者**：我當然知道答案，我聽你們的錄音帶聽個不停。但我有一個問題：兩個星期前我們曾談過話，我說我不想回來這裡。你們說，哈，可由不得你。

**亞伯拉罕**：快調紀錄出來看看（笑）！當然，當時的對話不是這樣吧。

**提問者**：對。

**亞伯拉罕**：好，但那就是我們的意思。

**提問者**：對，沒錯。在我們來到這裡之前，我說：「我要開始這段生命，進入這個世界，符合這樣的振動頻率，創造無限美好的生活。」然後我來了，跟你們說的一樣，最後卻陷入令人難以接受的處境，讓我忘了來到地球之前早已認識的美好事物。因此，我……

**亞伯拉罕**：我們明白。我們曾和很多人談過類似的話題，也很感激總有人非常在意這個想法，讓我們有機會換個方法來表達。

在你進入這個有形的身體前，你不會說：「我要跳入這個時空實相，我能在艱難的環境中找到出路。」你只是滿心渴望想要跳進來。你充滿了自信。

感覺步履穩健，感受到自信和渴望，這跟恐懼的感覺很不一樣。如果你的立足點是恐懼，你就很難記起自信的感覺；如果你充滿怒氣，你就感受不到欣喜和熱情。兩者是不同的振動。

我們可以一直講下去，對你來說卻不會有什麼進展，因爲在你眼中，這個世界變成了一個艱難的負面環境，甚至充滿了邪惡，讓人不自在，隨時遭受打擊……你的注意力都放在負面的地方（你也有足夠的理由這麼認爲；我們並不認爲你是隨便說說，只爲了讓自己覺得不好過），你聽不到正面的說法。

但我們想對你說，在你決定進入有形的世界時，眞的是充滿了渴望的振動。你說：「好，我懂了。那時候我充滿渴望。我想要進入有形的世界。但現在爲什麼變了呢？」我們要對你說，變了，是因爲你周圍的人都忘了他們的感受其實很重要，他們已經用外在的環境和外在的引導來幫他們決定該如何走下去。

幾天前，在新買的怪獸巴士上，伊絲特打開電視，檢查新裝的碟形天線，看到電視上有個心理學家在輔導一名年輕人，內容苛刻到伊絲特不得不把電視關掉。那位心理諮商師不斷逼問那個年輕人（年輕人小的時候曾和一名孩童發生親密關係）。多年後，接受測謊時他說了謊話，現在就被苦苦糾纏。爲什麼他不承認他做錯了？因爲承認就等於進入了另一個階段。

伊絲特不想看便把電視關掉了。她心想，人類的行爲有好多規則和好多心態，很多人準備好要指控你行爲不當，因爲你不肯按照他們對你的要求跳過火圈，非要你順服他們才會覺得開心點……好多人都忘了幸福是什麼。

伊絲特希望她能跳進電視裡，抱住那個年輕人說：「不要聽他的話，你不是壞孩子！」她眞的很想告訴他，他們不認識你本來的面目。別管他們說什麼。

所以我們要對你們說，你們很多人已經屈服於周遭有權威的人，但你該聽取的聲音是來自你與生俱來的引導。接著，下一個符合邏輯的問題則是：「爲什麼不改個方法呢？我們的引導應該更清楚一點，不是嗎？」我們說，你們的引導已經很清楚了：**你知道什麼讓你感覺很好。你知道什麼讓你感覺很差**。你可以回頭尋找最早的記憶，想起來有人用手指著你，說你行爲不當，那也是你初次嘗到痛苦不堪的感覺。

我們可以想像得到，很多人會坐下來，列出類似的體驗，曾有人一而再再而三想要讓你相信自己不夠好。每次碰到這樣的事情，對方一定已經說服自己相信同樣的事，你懂了吧。

所以我們要說，你生來就有引導系統。現在我們聽到很多人說：「但是爲什麼我無法利用與生俱來的引導呢？」而不是說：「爲什麼我不用與生俱來的引導呢？」我們比較想聽到你說：「我要開始利用與生俱來的引導。」然後，你就充滿了力量，擷取了所有對比的體驗，將願望發射到你的未來。只要你的頻率協調一致了，大多數人在大多數情況下都會說，我昨天說的話實在太恐怖了。我現在充滿了感激之情，因爲我清楚知道自己有什麼願望。我的願望都能實現，我的生活也比從前更加豐富了。

因此我們想要跟你談的，並非體制的對錯（體制當然沒錯）。我們要跟你討論的是：在這個當下，我該如何縮小**求**與**應**之間的鴻溝？我該怎麼才能信任宇宙法則，察覺到自己有什麼樣的振動，進入期待幸福流向我的境地？

進入那個境地後，你也會充滿渴望。那就是小孩子的感覺。看看小孩子吧。幾天前，傑瑞和伊絲特在奧勒岡州的一家餐廳裡。伊絲特正在排隊等著點餐。傑瑞找了個地方坐下來，看著伊絲特他覺得很幸福，也看到她前面排了一家人。那家人有爸爸媽媽，媽媽手裡抱著小嬰兒，旁邊還有一名看起來大約四歲的小女孩。

小女孩感受到傑瑞的欣賞之情，轉頭看著他，笑了一下。傑瑞也報以微笑。然後她躲到櫃台後偷看他。他也用帽子遮著臉。她又換了個地方躲起來，傑瑞則躲到桌子後。她開始學貓叫，他則開始學狗叫。小女孩的父母點好餐，準備要外帶，趁著父母親不注意時，小女孩急忙跑到傑瑞身旁，她摟住他的肩膀，把頭靠在他身上，給他一個擁抱，然後離開了。

伊絲特說：「她仍有能力感受到幸福。她的振動符合她的本相，她也看得出誰的振動跟她相符。」她的頻率調整好了，完全連接到本源，顯然她也住在一個從來沒有人教她要「遠離邪惡陌生人」的環境裡。看來她住的地方不需要防衛，她仍能跟隨心之所願。

不管幾歲，請你聽聽心裡的聲音。你可能會慢慢忘記了該怎麼聽見心裡的聲音，然後又重新發現了，因為讓振動回歸本來的面目是一種無可否認的體驗。一旦透過意識做到了，你再也不會偏離目標。

我們聽見的問題其實是：「為什麼會發生這種事？」我們說，事情就是會不斷發生。你說：「但是這應該是個例外吧？」我們說，不是，正好就是這樣。你又說：「但是我的引導系統不是應該更有力量嗎？」我們說，你的引導系統具有恰到好處的力量。但是，引導不等於控制。你說：「難道我不該生在更好的環境嗎？」我們說，如果你的環境改變了，你就不是你了。你說：「但那樣不是更輕鬆嗎？」我們說，對，但那也是你的決定。你說：「現在不就更簡單了嗎？」我們說，對，但那還是你的決定。

很好，你可以選擇在有形的生活中繼續掙扎，也可以**跟生活和解**。

**提問者**：嗯，我決定不要掙扎。我還有一個問題，大多數人都掙扎了這麼久，而隨順的法則和相符的振動似乎是個不為人知的祕密。為什麼？

**亞伯拉罕**：很好，祕密已經揭開了（笑）！這從來都不是祕密，而是把你的感受託付出去的意願。當你還是孩子時，大人覺得無法告訴你答案，或想要保護你，因此才會編造出什麼祕密。但從更廣的無形角度來看，則是一種渴望，想要對比的體驗，幫助你塑造出自己的願望。

懂嗎？你得了解下面這段話的含意：這是一個不斷進化和擴展的宇宙。在這個宇宙中，沒有人能了解一切，天堂裡也沒有一群知道何謂完美生活的天使，天使更不會告訴你：「孩子，向前走吧，你的生活方式就跟我們體驗過的一樣。」事實並非如此。一定要擴展，才能永續長存。

因此，擴展後就出現了對比，對比帶來了知識；對比也給我們推測、塑造、預見的能力。這麼說吧：你是大廚，你的廚房裡擺滿了食材，如果廚房裡只有三種材料，你一定會覺得苦哈哈。但儲貨完善的廚房並不表示你得用上所有的食材，只是讓你有更多的選擇。

原因就是這樣。和解吧。對自己說：「這個對比的世界就是擴展的目的。多樣化和對比則讓永恆得以永續。我們一生下來就一定有引導系統。」感受不到引導時，不要怨天尤人。或許你覺得很嚴重，我們卻不這麼認爲。我們覺得你感覺得到受了傷。我們認爲你感覺得到怒氣。我們認爲你感覺得到自己失去了力量。我們認爲你都明白。

我們也認爲該是回歸引導的時候了。但我們也認爲你該用正確的方法把引導找回來。如果你責怪別人或別的東西，你就失去了力量——**一旦你把問題都怪罪到別人身上，你就失去了力量。因爲那表示別人有力量來控制你。但沒有人可以控制你，因爲沒有人可以代你發出振動。**

發出懇求，你就能收到吸引力，你的問題都能從這裡得到解決。所以，不需要難過別人不能給你答案，因爲你不能強迫他們聽你的。我們早就放棄強迫的手段了。作爲心靈導師，我們已經明白，我們能了解學生到什麼程度，才能幫助他們到那個程度。因此，我們讓吸引力法則把準備好的人帶過來，我們也信任吸引力法則在其他人準備好的時候會把他們帶過來。他們所經歷的一切其實跟你心中認定的不一樣，他們並不是你。

## 對自己的成功深深表示感激

**提問者**：我們習慣早睡，我發現快要睡著的時候，我可以看見你們的召喚。我有那種感覺，我眞的覺得很感激；你們幫了我們那麼多，自從我們認識亞伯拉罕後，生活就出現了一百八十度的大轉變。

**亞伯拉罕**：好事早就等著發生在你身上，因爲你想要，你也値得。我們只是讓隨順的過程加快了一點點。

**提問者**：謝謝你們。我想要好好感激你們一番。聽錄音帶的時候，聽到別人說他們學到了什麼，從中獲得了什麼，眞的讓我很感動。我當然要感謝傑瑞、伊絲特和亞伯拉罕，我也要感謝我的妻子，她努力實踐你們的教誨，是你們最好的見證。我因此才能集中力量，創造出我們能創造的東西。

我想要解釋一下發生了什麼事：在我遇見我妻子前（我認識她以後，才認識你們），我基本上負債累累，後來卻能用現金買房子。那時候我的公司垮了；事實上，公司破產隔天我就認識她了。她是我的救星。以前（我的公司開了五年吧）不論做什麼，我用的方法都錯了。認識她以後，我們開始力行你們的教誨，例如隨順的原則和踏上情緒旅程，從那以後，我們的決定無一不正確，生活也上了正軌。我們也能調整正確的振動頻率。我一直保持正確的振動，很多妨礙我的壞習慣都被我驅散了。一切都讓我覺得非常感激。

我們的作法是，聽錄音帶，實踐並感激你們的教導。我們趁蜜月的時候參加了你們的郵輪之旅，後來我們有了一筆十四萬四千元美元的收入，太棒了。然後，我們創造出幸福的環境，喜悅的綠洲……

你知道，我母親（可能出自好意）對我造成負面影響，我父親賺錢的手段不正當，也讓我受到壓抑。脫離這一切，讓宇宙接管，連結到本源，我才能變成今天的我。

現在我們就四處旅行，得到了很多美好的體驗，享有豐足的財富……這就是我無盡的感恩。我想問亞伯拉罕的第一個問題是：亞伯拉罕，我跟你們有什麼不一樣？

**亞伯拉罕**：沒什麼不一樣（笑）！在你的無盡感恩中，你的振動符合我們的振動。所以你跟我們沒什麼不同。

**提問者**：謝謝，我聽了都要流淚了，太棒了，能跟你們連結在一起。我該如何讓我自己更察覺到這一點？

**亞伯拉罕**：好好觀察，倘若有一刻似乎不夠穩固，也不要生氣，而是要感激穩固的時刻。你關注的焦點只有連結。然後，要是失去了連結，反而會讓你覺得很奇怪，很不習慣。

**提問者**：抗拒是否會隨著時間而流逝？可以說時間等於抗拒嗎？

**亞伯拉罕**：不一樣。時間是另外一個主題。你來到時空實相中，不一定要感覺到抗拒。站在領先的地位，一切都很自然；失去平衡，就會感受到抗拒。也就是說，一旦取得平衡，就會覺得非常自在。

這跟你剛才說的話有關係，你說一切都很順利，所有問題的解答都來到你面前，一切都完美開展。我們聽了覺得很高興。但我們要提醒你，別弄錯了，不然就無法達成目標。放鬆吧，不要把自己逼得那麼緊。

我們的意思是，有時候會看到一種情況：你像現在一樣，使盡全力脫離不隨順，隨順眼前發生的事情（當有形的你碰到無形的你）：有時候你想讓自己遵守一些嚴格（或甚至不自然）的標準，想要讓動力持續，想要保持完美。然後，如果做不到，你就有點失控，彷彿不知不覺又會回到老樣子。

我們要你放輕鬆，相信自己不會走回頭路。你已經經歷了很多，或許偶爾還是會陷入比較不隨順的狀態，不過沒關係。也就是說，你創造的目的和你凝聚的焦點就是新的對比，對比會產生願望，你的振動會符合願望。當兩者相符後，出現了更多變動，新的舞台製造出新的機會，讓你可以發出新的問題和新的願望，一開始似乎不怎麼自然，但你的振動會慢慢符合願望……

因此，你不一定會在最理想的時刻處在最理想的位置——人生的樂趣不就來自這裡嗎？如此才有冒險的感覺。你想要什麼樣子，就會變成什麼樣子。變化的速度很快。如果你能輕鬆面對，速度才會快，聽起來是不是讓你更有信心了呢？

我們很喜歡看傑瑞和伊絲特在這方面的表現，他們不覺得自己有責任要活出完美的生命。我們舉辦了一場又一場的工作坊，想要做得更好，但他們每次都搞砸了（笑）。我們不期待他們成為完美的典範；在我們眼中，他們彼此相愛，熱愛生命，勇敢探尋新的體驗，並一直調整自己去適應，他們多半感覺很快樂，在極少數感覺不快樂的時候，他們也知道該怎麼辦。所以不需要有壓力。他們一直在尋找平衡，就跟才華橫溢的藝術家一樣。**你也一直在追尋平衡。你只要明白，你一定會找到平衡，失衡的時候不要跟著**

失控。

**提問者**：眞棒，謝謝你們。

## 想要更愛自己

**提問者**：我覺得好激動……我的問題也是我的願望，那就是我要怎麼樣才能更愛自己？我該如何覺得自己更有價值，更有資格享受更多的樂趣？其實我已經覺得自己更靠近目標了。

**亞伯拉罕**：好，你的拼圖已經拼好一大塊了，因爲每個人一生下來就很愛自己。你有這樣的感覺，再自然不過。我們口中的你是本源的你，帶著愛來到地球進行體驗，喜愛眼前所見的事物。換句話說，你的本質、你的能量、你的靈魂或本源，就是愛。但你丟掉了本質，因爲你擔憂別人對你的看法。要如何愛自己？答案很簡單……只要放下不喜歡自己的態度。也就是說，**如果你不去抗拒想要和不想要的東西，愛自然會存在**。

對比是件很有趣的事，必須要經過比較，才能找出喜好。但看著所有這些東西，嘴巴裡說這個好，跟看著所有這些東西，嘴巴裡說不好、不好、不好、不好、不好，你知道兩者的差別嗎？

我們一直在講能量平衡，我們要你明白，當你對事物投以注意力後，就會引發振動，所以看著形形色色的東西，嘴巴裡說好，就會發出振動。好，振動發出去了。好，振動又發出去了。如果你對你想要的東西都說好，這些東西就開始運作了，你提供的振動也只跟你想要的東西有關，本源能量會回應了。一切就順利地流到你眼前。

但在這個一切都跟吸引力有關的宇宙中，沒有定論，也沒有例外。你不能為了排除某樣東西而對它說不好，你說某樣東西不好，它反而來到你跟前，因為你的注意力發出了請求，在你內心發動了對等的振動，等於想要這樣東西。因此當你看著形形色色想要和不想要的東西時，你說：「好，我要那個，但我不要那個。」你把兩者都納入了。「好，我要那個，但我不要那個。我喜歡我這個樣子，但我不喜歡我那個樣子。」現在一切都開始運作了。清楚、純粹、平衡的能量（平衡表示符合本源）反而消失，你失去了平衡，因為你把這些東西都拉了進來。不喜歡自己的感覺所發出的振動無法符合你本來的面目。不喜歡自己的感覺，以及抗拒愛的感覺，都是因為發出的振動無法讓你連結到愛的能量。懂了嗎？

**提問者**：我想要代表大家獻上無盡的感謝，從無形的角度和這個新的位置，傾聽你們的教導。

**亞伯拉罕**：「我在這個有形的身體裡，我意識到我是本源能量的延伸。了解到我現在要認識本源能量，就表示我是純粹的正面能量，我的本質就是一切美好的事物。一旦我覺得沒那麼熱忱渴望，失去了感激之情或不夠愛自己，那是因為我把其他不屬於本源的東西帶進來了。

「我很高興我有一套引導系統，只要跟自己或跟任何事物相關的能量讓我偏離了符合本來面目的平衡振動，這套引導系統就會隨時提醒我。

「因此我熱愛我的引導系統。我熱愛我的情緒，所有的情緒。我愛那些感覺很棒的情緒，我也愛那些我覺得不怎麼樣的情緒，因爲情緒能幫我改變自己——隨時隨地，非常溫和，一再累積，不限主題。情緒讓我的振動頻率回歸正道。

「我很高興，我不需要競爭。我很高興，我是永恆的存在。我也很高興能立刻得到獎賞……如果我伸手想要什麼，而且感覺良好，我就會立刻達成目標。如果我想要什麼，卻感覺不好，我仍能找出讓我感覺最快樂的思維，那就夠了。事實上，我現在都能做得到。

「覺得難過的時候，我再也不想要求自己感到快樂。我反而會要求自己感覺快樂一點點，然後要是仍覺得不夠好，我會再前進一點點，倘若仍然不夠，我就再讓自己感覺好一點點，就這麼慢慢來……現在，我覺得挺快樂的，但我希望能更快樂，我也做到了。現在我眞覺得棒透了，但我仍希望能更快樂一點，我也做到了。

「現在，我眞的覺得很不錯。我很喜歡這種感覺很好的狀態，我想不起來曾有感覺不好的體驗。我不擔心自己會覺得不快樂，因爲我知道要是我覺得不快樂，我可以試試看讓自己感覺好一點。我能做得到。

「現在，我眞的覺得很好，我也很開心……我注意到有人發現我很快樂，那個人不高興我有這麼好的感覺。因此，我現在沒有以前那麼快樂了。但是感覺不如以往那麼好也沒關係，因爲我知道如果我想要快樂的話，我一定做得到，現在這樣其實沒有關係。我也不會因爲感覺沒那麼快樂而生那個人或自己的氣，因爲我知道我只需要感覺好一點點就夠了，我也能感覺好一點。我確實辦到了。

「現在，我覺得好自由。我再也不怕不快樂的感受，因爲我知道從不快樂移到快樂一點點根本不難。但我不會期望從不快樂一下子變成很快樂，不可能。**我只要比之前快樂一點點，然後再一點點，一點點進步。我知道，沒有無法達成的境地。太好了！**」

## 意識需要有形的身體嗎？

**提問者**：我其實有一百個問題，但我只要問兩個。這很像拿到裝了精靈的瓶子，卻只能提出三個願望。

請問進入無形的存在時，我們會留在那裡多久？是否有些人會決定不要再回到有形的時空中？

**亞伯拉罕**：不會，因爲要在這裡才能有最卓越的創造，滿足你的夢想。你的問題基本上有點瑕疵，因爲它假設你不是死了，就是活著；不是有形，就是無形。而事實上，你是永恆存在的無形能量，偶爾把能量聚焦在這個有形的身體上。

你看，像亞伯拉罕（我們是集識，可以同時進入很多人心中）一樣者，不需要實際的形體。就好比流過我家的電力能讓烤麵包機發熱。而什麼時候所有的電力會集中到烤麵包機上呢？我們說，永遠不會。實際上，也就是說，在我們的例子中，電流流入烤麵包機，烤麵包機則是領先的體驗。

因此，你代表的無形能量永遠都是無形的能量。有些用在這個有形的身體上，或透過像這樣很多人聚在一起的機會，像亞伯拉罕一樣連結起有形和無形的世界。

**意識不需要有形的形式，但有形的形式需要意識。意識進入了有形的身體後如魚得水，因爲有形的形式就是最領先的思維。因此，意識透過有形的形式擴展，反之則不成立。**

你的內在自己也會在這個身體和這個人格中流動，同樣的無形能量則會流過另一個人。你說那是「靈魂伴侶」。你稱之爲「雙生火燄」，但多半帶點愛情的意味。你通常會假設只有一、兩個，但有時則蜂擁而來——你們是不停流動的意識，共同享有這些體驗。

如果說你和所有人都是靈魂伴侶，你們把注意力放在有形的地球上，這樣的陳述其實也沒錯，因爲我們全都來自同樣的無形能量流，我們全都要體驗彼此——如此才能激發出個人的喜好，提升全體的福祉。懂嗎？

**提問者**：我懂了，謝謝你。

**亞伯拉罕**：你們眞該利用這個機會克服死亡。你們應該要停止擔心死亡這件事，因爲人不免一死，而且死亡的感覺非常美妙。你需要擔憂的應該是無法隨順你所代表的能量流動。也就是說，你唯一要擔憂的只有不快樂的感覺。但你也不需要擔憂，因爲你能控制感覺不好的情況。

有一次伊絲特正在把最近一次工作坊的情況打字記錄下來，有位母親表示她因爲兒子死亡，不斷自責沒當個好媽媽，所以非常痛苦。在打字的時候，伊絲特深刻體驗到那位母親的感受，那種壓力實在很恐怖，而且你相信自己束手無策。換句話說，那位女士的兒子死了，回天乏術。她相信她再也快樂不起來，因爲她兒子死了。那是人類對死亡最終極的恐懼，對吧……感覺到壞事即將發生在我愛的人身上，我再也無法回到我想去的地方。

然後伊絲特憶起她也有一段可怕的體驗。她也想起了其他的體驗。擔憂會發生某件事，讓她覺得難過。然後她記起了覺得驚訝、驚喜和快樂的時候，她就不覺得那麼難過了。她想起了她沒有理由再讓自己難過。因此她對傑瑞說（傑瑞不知道她在說什麼，她就突然從巴士的另一頭對他大喊）：「我很高興，我知道我再也不需要感到難過了！」

很多人都在等待最後的結局。他們的生活很不錯，但他們擔憂會發生什麼事情，把快樂的感覺帶走。我們要對大家說，那種事絕對不會發生在你身上，只要你了解**你能選擇要把注意力放在哪裡；你能選擇要有什麼樣的感受**。

除非你明白活下去的力量，否則無法克服對死亡的懼怕……除非你能控制自己的振動，否則無法真的明白自己有力量活下去（我們的意思是充滿喜悅的生活）……除非你明白感受和振動之間的關連，否則無法控制自己的振動……除非你能向自己證實憤怒的感覺比恐懼好，沮喪的感覺又比憤怒好，否則你無法控制自己的感受——你們確實有能力引導思維，讓自己感覺愈來愈好。

向自己證明你能有更好的感受，你就找回了力量；你無法從這裡跳到這裡，你不能從恐懼一口氣就跳到喜悅，但你可以逐步前進。當你找回了那樣的知識，你對一切的恐懼都會消散，包括死亡在內。

**提問者**：亞伯拉罕，謝謝你們。

## 兒子爲了財產繼承問題不跟母親交談

**提問者**：我的生命正處於充滿喜悅的階段。我的雙親去世了，我跟其他親戚沒什麼往來，所以也沒有人會惹我生氣。我一天可能會花上兩個小時進行情緒旅程。並非必要，只因爲我喜歡。每次要開始旅程時我都很興奮。生活中有很多事情因此改變了。我覺得我的人生又從頭開始了……

但我兒子很久沒跟我講話了，因爲他認爲我會把錢都花光（我沒有醫療保險），要是我走了，他一毛也沒有；而如果我生病得去住院，同樣會耗盡家產。所以他不跟我講話。我很愛我的兒子，我也進行了相關的情緒旅程，感覺很不錯。只是，不知道你們能夠提供什麼意見給我，因爲我很希望能跟兒子重新建立起良好的關係。

**亞伯拉罕**：嗯，如果我們是你，會對孩子說：「有一個吸引力漩渦，你想要的都能夠流向你。你不需要讓那些東西先流過我的吸引力漩渦後，才能變成你的。」然後我們也會說：「如果你擔心沒有遺產而不跟我講話，你確實有理由擔心這件事（笑），因爲我不認爲遺產對你有任何好處。我覺得能夠找到自己的路比較重要。」他會回答：「但你繼承了遺產，爲什麼你不把錢留給我呢？」我們會告訴他：「因爲你能進入幸福的流動，我很希望你能夠決定自己想要什麼，開展你的吸引力漩渦，讓你想要的流過來，體驗到無比的興奮。我不希望你的快樂由我來決定。我不希望你的快樂由任何人來決定。所以，兒子，你說對了。我會盡全力保證我離開這個世界的時候，我的錢也跟著我一起走。」

然後，等他發覺你並不是在開玩笑，他就可以決定要不要跟你講話。但你眞的希望你們的關係是建立在遺產上嗎？

**提問者**：不，當然不希望。

**亞伯拉罕**：你眞的希望你們的關係要根據他所能得到的東西來決定嗎？你想要的關係應該建立在你跟本源的振動關係，以及他跟本源的振動關係。

**提問者**：他從來不缺錢。

**亞伯拉罕**：那很好，他不缺錢。

**提問者**：先是我的家族，然後是我……那就是他看到的。不過我會試試看，跟他談一談。

**亞伯拉罕**：你知道這是什麼情況嗎？這也是一個很好的討論題目，因爲他的生活方式是個很好的例子，擴大了許多人的感受。他的想法完全扭曲了，就像很多人相信財富總有盡頭。也就是說，「就只有那麼多錢夠我們所有人分，要是母親發瘋了，花掉更多錢，就只剩下一點點給我。」一般來說，大家對於資源都抱持同樣的看法：「如果某個人很有錢，那他一定是剝削了窮人，害他們不能過得更好。」但情況並非如此。

你兒子期待的幸福如果到了，就永遠不會消失。但他生你的氣，覺得你揮霍無度，讓他無法得到幸福。如果他對幸福的看法只有這個樣子，很快就會枯竭——並不是因爲你的行爲，而是因爲他對你的行爲有這樣的反應。不論你說或不說，他都無法懂得其中的道理。話語通常起不了什麼作用。

**提問者**：好，謝謝你們。

## 嫉妒的感覺從何而來？

**提問者**：首先，我想先表達對你們的感激，謝謝你們的教導。我覺得很受用。我不認識傑瑞和伊絲特，不過他們感覺是很好的人，也非常謙遜。你們知道，理論上你們可以只「服務明星」，你們懂我的意思吧？不需要照顧我們這些平凡人。

**亞伯拉罕**：他們希望能擴展我們的訊息，所以他們想要盡量跟像你一樣的人接觸，好讓更多人能夠帶著自己獨特的看法，以前所未有的方式深入無限的智慧。這就是他們的目標，跟我們一樣。

**提問者**：很好。我很高興自己能在這裡，我也渴望能夠更上一層樓。問題是，有時候（不是每一次，但也有可能每次都這樣，誰也不敢保證）我看到有人跑在我前面，我就覺得很嫉妒。然後我對自己所擁有的就感到不快樂，因爲我有點想要他們有的。我不想羨慕別人的好運，連名人我也不羨慕，但要是他們離婚了，我會有點竊喜，因爲他們的生活也不怎麼完美。

我希望我能爲別人的快樂感到喜悅，而不是因爲他們的不快樂而感到欣慰。我聽過很多人的故事，當他們說了負面的話，或說他們碰到了負面的事，我會比較專心聽；當他們說碰到了什麼好事時，我就沒那麼在意了。好壞事我都碰過，我實在不想要妒羨別人的快樂和好運，要是我能爲他們的好運感到快樂，我自己也會碰到好事。

**亞伯拉罕**：剛才你說：「很高興自己能在這裡，我也渴望能夠更上一層樓。」你不能一方面滿足現在這個位置，同時又嫉妒別人的經歷。兩者的頻率差了十萬八千里。不論是爲了別人，還是爲了你自己，感到快樂對你才有好處。我們常對大家說，不要爲了想幫助別人而爲他們所做的事感到開心；這麼做是幫助你自己，如此你才能調整你的振動。

關於這個主題，我們有幾件事情要告訴你，因爲你挑起了一個重要的話題。很多人也很關心這個題目。我們就來談談嫉妒的感覺。

在你的一生當中，生活體驗會幫你實現很多夢想。因此，看看這個世界，看到別人有你想要的東西，通常也會指出你當前的位置和目標之間的距離——那就是嫉妒的感覺……**讓你察覺到願望和目前發出的振動相距多麼遙遠，就是嫉妒的感覺**。

因此，你必須在情緒引導量尺上往上移動，讓嫉妒帶來的不自在感受消失。當嫉妒的感受消失時，你也達到了能量平衡。也就是說當你的振動符合本源，你才能打開大門，讓你想要的東西進來。

一旦發現自己感受到嫉妒或負面情緒帶來的不自在，首先你要知道：「很好，這是一個很好的徵兆，表示我想要某樣東西。但這也表示我現在跟我想要的東西並未達成一致的頻率。我必須要先達成那樣的頻率，才能得到我想要的東西。」

我們要你在乎自己的能量平衡，這點非常重要，所以你只能考慮到你自己。如果你拿自己的成就跟別人比較，你會氣得發瘋，因爲總有人比你更專注，能吸引或創造出超越你能力所及的東西。

也就是說，在很多事物上，你無法超越其他人所達到的成就。就是不可能。我們認爲，如果你不去管別人的成就，只在意自己的成就，那才是最好的作法。就我們看來，你唯一要在意的就是讓你的振動符合本源能量。你只需要管理好你的感受。

我們知道，你並不是因爲嫉妒別人才感受到負面的情緒。你感受到負面情緒是因爲你想要某樣東西，而你卻不讓那東西進來。注意到別人有你想要的東西，但你沒有，會讓負面情緒更加高漲；如果你不想要那樣東西，你就不會覺得嫉妒。所以，你跟別人的關係不是問題，而是你如何處理自己的振動，毫無例外。

世界上有形形色色的人，擁有各式各樣的東西……伊絲特把怪獸巴士停在丘拉維斯塔的碼頭上，然後她和傑瑞每天都在碼頭上散步。伊絲特很喜歡嘲弄傑瑞，她說：「我要很自豪的向你說，我不想要遊艇。我不想要的東西有幾樣，其中一項就是遊艇。」所以船隻有多漂亮都沒關係，都無法打動她。她不需要船，也不想買船。

全世界最豪華的遊艇或許正好打她身邊經過，但伊絲特不會覺得這樣的狀態帶給她不自在的感受，因爲她不想要遊艇。一旦感受到負面的情緒，一定跟自身的願望有關。願望會幫助你，展現在你眼前，讓你了解你的振動狀態。那才是你應該要弄清楚的地方。

## 亞伯拉罕已經死透了

**提問者**：我已經力行你們的教誨好幾年了，一切都非常順利。太美好了。只有一點我一直沒辦法想清楚，而有些人似乎不以為意：就是死亡。我很怕死，想到死我就膽戰心驚。

**亞伯拉罕**：嗯，你要不要說說看死亡是什麼？

**提問者**：失去意識。嗯……

**亞伯拉罕**：不，並不是！**死亡是完全恢復意識的過程！**難怪你會害怕，你根本不懂死亡是什麼。死亡並不是失去注意力，而是凝聚無比的注意力。返回更完整、更廣闊、更聰穎、更有把握、更快樂的你！

**提問者**：你們怎麼知道呢？

**亞伯拉罕**：自己死看看就知道了，或者問問已經死掉的人（笑）。我們已經死了。我們很聰明、才華橫溢、連結到無限的智慧、充滿喜悅、樂在其中、擁有創造力——我們已經死透了。

**提問者**：那麼按照你們說的，你們就不可能在振動量尺上再往上移動了嗎？

**亞伯拉罕**：等你死了就知道了。你應該聽聽看死亡時那喧鬧的笑聲，尤其是好幾個人一起死的時候。通常他們會說：「唉呀，我真是大錯特錯。」他們說：「根本不需要擔憂。我一直擔心根本不存在的死亡，剝奪了自己享受喜悅的權利。」

等你從這具身體中釋放了力量，也拋下了所有的懷疑和恐懼。來個大躍進吧！從你現在的立足點躍進純粹的正面能量。丟下抗拒，重新看清楚！一下子就轉變了！

對於像伊絲特這樣的人，以及許多專注在提升情緒的人，死亡的體驗感覺就是下一個合乎邏輯的步驟。伊絲特很幸運（你們其他人也是），能讓本源的能量源源不絕流過她，經過了好多個小時、好多天、好多年，她已經習慣了那樣的振動。所以她的死亡體驗感覺就像下一個符合邏輯的步驟。她不會像一直發出恐懼、沮喪、甚至挫折振動的人那樣，感受到強烈的釋放。

但不論你帶有什麼情緒都沒有關係。收回注意力後，你重新回到能量中，那個能量就是你。你不會忘記你本來的面目，你不會變成一團迷霧，你不會忘了你是誰，你不會納悶你在哪裡，你不會因爲缺氧而感到窒息，你不想念你的身體。相反的，你的感覺跟往常一樣。想去哪裡就去哪裡。如果想要的話，你可以參加自己的葬禮。你可以重新發動存在的振動。

也就是說，從你無形的角度（你稱之爲死亡，我們就說是翹辮子吧，因爲死亡根本不存在），你可以重新發動你的振動，感覺你仍在有形的身體裡。但你知道嗎？沒有人想那麼做，因爲更廣闊的視野讓人欣喜若狂了。

然後你會習慣，記起本來的面目，認識那些你過去不知道是誰的人。有形的你多半偏向負面思維，但這會兒負面的性格都會被拋下。你只帶著最好的離開，你不會想念丟下的那些東西。

通常在討論這個主題後，我們必須要提醒你，你們很想進入有形的身體，所以不要馬上跑去跳樓自殺。我們知道當你返回無形的你時，會有那樣的體驗，但凡事總有兩面。我們要你在情緒引導量尺上繼續往上移動，好在此時此地把所有的情緒都融入你。那就是你來這裡的目的。你來這裡，是爲了體驗當下的生活。

你來這裡不是爲了往上爬，留下輝煌的紀錄，也不是爲了要了解什麼或表現得很完美，好在回去以後宣布你完成了任務。

你有最領先的思維！你是最領先的本源能量。你的一切所爲，你所體驗的一切，除了讓時空實相擴展，也讓萬事萬物擴展。這個領先的地位充滿了力量。

所以我們不要你尋死，沒有這個必要。但我們要你放下恐懼。一定要放下對死亡的恐懼，才能好好體驗有形的生活，這就是你的功課，多多練習吧。

**提問者**：好，謝謝你們。

## 亞伯拉罕對這場隨順的藝術工作坊做出結語

**亞伯拉罕**：我們覺得夠了。你們聽了這麼多，也應該覺得很清楚，不需要繼續討論其他主題。你們想要了解的事情我們或多或少都回答了，而且在很多案例中，我們用不同的方法回答了好多次。

我們想告訴大家，我們很強調一點……生活應該要充滿樂趣，生活的基礎就是自由……擴展無可避免……你們的存在也充滿價值。如果你能放鬆下來，拍拍你的貓咪，在溪水中晃晃雙腳，找到讓你覺得愉悅的事物，把意念專注在上面……多花時間跟讓你覺得開心的人在一起，多讀讓你覺得快樂的書籍，去看場讓你覺得快樂的電影，開車去讓你覺得開心的路上兜風，想想共事的人有哪些地方讓你覺得高興……用讓你覺得快樂的方法想起你的父母親，列出你喜歡的東西，穿上讓你覺得最快樂的衣物，吃下讓你覺得最開心的食物，做讓你覺得最高興的事情，思索讓你覺得最快樂的思維……嗯，你一定會覺得滿心喜悅。

生活會開始用你值得的方法來對待你。當你認爲你來這裡是爲了要克服苦難，也認爲你要達成一些目標，或者你認爲要競爭才有資源的時候，你就扭曲了所有的東西，遠離你本來的面目。

很多人都聽過類似的教導，我們感覺得到，也聽得到你們在苦苦掙扎，想要找到出路。我們承諾，生活應該要充滿樂趣——如果你能努力讓自己放鬆一點點，努力讓自己更開心一點點，體驗更多的歡樂，用更快樂的態度對待別人，不讓事情煩擾你，看得更開一點，對周圍的人（尤其是你的孩子、愛你的人或合作夥伴）說：「沒什麼大不了的。」或者對他們說：「看，太棒了！真好玩。」或者說：「那件事根本不值得一提，我幹嘛大驚小怪！」我們的意思是，可以的話，盡量大事化小，小事化無。

不要凡事如臨大敵。不要連「巴黎的下水道」都可以當成舞台上的主角。也就是說，找到當下最好的一點，竭盡所能強調這一點，你會發現其他方面也明顯改善了。然後繼續嘗試，不斷嘗試，有機會就試……

**你值得享有無盡的愛，今天就到這裡結束了。**

國家圖書館出版品預行編目資料

專注意念的驚人力量 / 伊絲特・希克斯（Esther Hicks），傑瑞・希克斯（Jerry Hicks）著 嚴麗娟 譯. -- 二版. -- 台北市 ：商周出版, 城邦文化事業股份有限公司出版：英屬蓋曼群島商家庭傳媒股份有限公司城邦分公司發行；
2025.01 面： 公分.
譯自：The amazing power of deliberate intent : living the art of allowing
ISBN 978-626-390-401-9（平裝）
1. 心靈學 2. 靈修

175.9 113019644

# 專注意念的驚人力量

原著書名 / The Amazing Power of Deliberate Intent
作者 / 伊絲特・希克斯&傑瑞・希克斯 Esther and Jerry Hicks
譯者 / 嚴麗娟
企畫選書 / 陳玳妮
責任編輯 / 陳玳妮

版權 / 游晨瑋、吳亭儀
行銷業務 / 林詩富、周丹蘋
總編輯 / 楊如玉
總經理 / 彭之琬
事業群總經理 / 黃淑貞
發行人 / 何飛鵬
法律顧問 / 元禾法律事務所 王子文律師
出版 / 商周出版
城邦文化事業股份有限公司
115台北市南港區昆陽街16號4樓
電話：(02) 2500-7008 傳眞：(02) 2500-7579
E-mail：bwp.service@cite.com.tw
Blog：http://bwp25007008.pixnet.net/blog
發行 / 英屬蓋曼群島商家庭傳媒股份有限公司城邦分公司
115台北市南港區昆陽街16號8樓
書虫客服服務專線：02-25007718・02-25007719
24小時傳眞服務：02-25001990・02-25001991
服務時間：週一至週五09:30-12:00・13:30-17:00
郵撥帳號：19863813 戶名：書虫股份有限公司
讀者服務信箱E-mail：service@readingclub.com.tw
歡迎光臨城邦讀書花園 網址：www.cite.com.tw
香港發行所 / 城邦（香港）出版集團有限公司
香港九龍土瓜灣土瓜灣道86號順聯工業大廈6樓A室
電話：(852) 25086231 傳眞：(852) 25789337
馬新發行所 / 城邦(馬新)出版集團【Cité (M) Sdn. Bhd. (458372U)】
41, Jalan Radin Anum, Bandar Baru Sri Petaling,
57000 Kuala Lumpur, Malaysia
電話：(603 )90563833 傳眞：(603) 90576622

封面設計 / 周家瑤
排版 / 新鑫電腦排版工作室
印刷 / 韋懋實業有限公司
經銷商 / 聯合發行股份有限公司 電話：(02) 29178200
地址：新北市231新店區寶橋路235巷6弄6號2樓
電話：(02) 2917-8022 傳眞：(02) 2911-0053

■2025年1月二版
定價 400元

Printed in Taiwan



城邦讀書花園
www.cite.com.tw

ISBN 978-626-390-401-9（平裝）
9786263903982（EPUB）